Paulo César Nodari (org.)

Por quê?
A arte de perguntar

Dados Internacionais de Catalogação na Publicação (CIP)
(Câmara Brasileira do Livro, SP, Brasil)

Por quê? : A arte de perguntar / Paulo César Nodari, org. – 1. ed. – São Paulo : Paulinas, 2011. – (Coleção filosofando)

ISBN 978-85-356-2750-3

1. Filosofia 2. Perguntas e respostas I. Nodari, Paulo César. II. Série.

10-13094 CDD-102

Índice para catálogo sistemático:
1. Perguntas e respostas : Filosofia   102

1ª edição – 2011

1ª reimpressão – 2012

Direção-geral:	Flávia Reginatto
Editores responsáveis:	Luzia M. de Oliveira Sena e Afonso Maria Ligorio Soares
Copidesque:	Cirano Dias Pelin
Coordenação de revisão:	Marina Mendonça
Revisão:	Sandra Sinzato
Assistente de arte:	Sandra Braga
Gerente de produção:	Felício Calegaro Neto
Projeto gráfico:	Manuel Rebelato Miramontes

Nenhuma parte desta obra poderá ser reproduzida ou transmitida por qualquer forma e/ou quaisquer meios (eletrônico ou mecânico, incluindo fotocópia e gravação) ou arquivada em qualquer sistema ou banco de dados sem permissão escrita da Editora. Direitos reservados.

Paulinas
Rua Dona Inácia Uchoa, 62
04110-020 – São Paulo – SP (Brasil)
Tel.: (11) 2125-3500
http://www.paulinas.org.br – editora@paulinas.com.br
Telemarketing e SAC: 0800-7010081
© Pia Sociedade Filhas de São Paulo – São Paulo, 2011

Apresentação

Perguntar é dimensão e característica de quem humildemente se dá conta de que não sabe tudo. É característica de quem busca penetrar aquilo que por ora se apresenta desconhecido. É característica de quem não se acomoda com as respostas até então já apresentadas e dadas. É típico de quem olha a realidade e se admira por ela se apresentar como se apresenta, e enquanto tal não se apresenta de outra maneira. É típico de quem desenvolve e tem espírito de investigação. É dimensão fundamental de aprendizagem e conhecimento. É dimensão de quem busca compreender a realidade. E enquanto tal se pergunta acerca de tudo e de todos. Por que isso é "assim" e não "assado"? Por que "isto" e por que "aquilo"?

Mais do que respostas, é importante dar-se conta de que as perguntas movem e direcionam o "buscar" e o "pensar". Talvez se possa dizer que as perguntas revelam quem se é, de onde se é e para onde se vai. As perguntas lançam a urgência da reflexão e do pensamento. Há perguntas mais aprofundadas, outras menos e algumas até superficiais. Entretanto, ousa-se afirmar que nenhuma pergunta é totalmente sem sentido. Em outras palavras: a pergunta manifesta sempre, por um lado, o desejo de querer conhecer, saber, aprofundar, e, por outro, o nível de reflexão e aprofundamento de quem pergunta.

A pergunta revela sempre o saber e o não saber de alguém. A pergunta pode surgir tanto da ignorância como da admiração, como também do propósito de consideração reflexiva. Nessa perspectiva, arrisca-se afirmar que ela, normalmente, não surge do "vazio" ou do "nada". Surge do interesse "de algo" ou "por algo" bem mais embasado e aprofundado. Surge da insatisfação ou da curiosidade a respeito de algo. Mas, para que algo seja posto em questão, é salutar dar-se conta de que o "perguntar" surge do movimento dialético entre o saber e o não saber. Em toda pergunta há algo desconhecido, pois de outro modo careceria de sentido a pergunta e a investigação, na medida em que, por um lado, o desconhecido pode ser designado de algum modo e, por outro, o desconhecido pode designar-se mediante algo conhecido.

Nesse empreendimento de reflexão e de investigação por nós traçado há, dentre as muitas possíveis, algumas perguntas muito pertinentes. As perguntas aqui escolhidas não são as únicas. Talvez elas não sejam as mais importantes. No entanto, são bons exemplos da urgência do processo dialético pergunta e resposta. Dentre tantas, elaboramos quinze relevantes perguntas com a finalidade de aprofundamento reflexivo. Algumas perguntas se constituem exemplos de perguntas, cuja reflexão e temática já são, por assim dizer, como que clássicas. Outras provêm de situações e circunstâncias mais recentes. Mas todas as perguntas aqui expostas são relevantes.

Os capítulos referentes às perguntas não estão expostos de forma rigorosamente sistemática. Seguem uma lógica, ou seja, da reflexão acerca da pergunta, passando por questões clássicas do pensamento filosófico e pedagógico à pergunta da fé, ou melhor, à pergunta do sentido último da existência humana. A ordem de leitura dos capítulos fica a critério de cada leitor, porque os capítulos podem ser lidos de modo independente ou também sucessivo.

O importante ainda a dizer é que as perguntas, ora escolhidas e selecionadas, não são as únicas, mas são, talvez, algumas perguntas importantes para motivar a arte de perguntar tanto na vida cotidiana como na vida escolar e acadêmica, bem como, também, no âmbito da pesquisa científica.

Por último, fica a cada um dos que auxiliou na execução desta empreitada, ainda que não tenha surgido com muitas ambições e pretensões, o muito obrigado sincero por parte do organizador e, certamente, do público leitor, que encontrará considerações muito interessantes neste trabalho e empreendimento reflexivo.

O Organizador

Sumário

Apresentação
O organizador..3

Por que perguntar?
Keberson Bresolin...9

Por que a admiração?
Jayme Paviani.. 27

Por que o pensamento?
Décio Osmar Bombassaro... 41

Por que a ética?
Idalgo José Sangalli... 47

Por que a virtude?
Fernando Sidnei Fantinel... 67

Por que a amizade?
Fernando Sidnei Fantinel e *Rafael Bento Pereira*............................. 89

Por que a política?
Sônia Maria Schio.. 117

Por que a justiça?
Francisco Cichero Kury.. 131

Por que a liberdade?
Ulisses Bisinella... 151

Por que a literatura?
Flávia Brocchetto Ramos... 171

Por que a economia?
Paulo Tiago Cardoso Campos...189

Por que a educação?
Everaldo Cescon...205

Por que a paz?
Paulo César Nodari e mestrandos do PPGEDU-UCS.........................225

Por que a vida?
Paulo César Nodari..247
Por que a fé?
Everaldo Cescon..263

Keberson Bresolin*

Por que perguntar?

Sobre o perguntar

Esta questão parece simples e ingênua, mas ela esconde em si muitas armadilhas. Talvez evidenciando o que realmente significa *perguntar* possamos melhorar a forma de formular questões e, ao fazer isso, podemos contribuir de forma mais efetiva para a resposta. Isso vale tanto para uma pesquisa tecnocientífica, filosófica, histórica etc. como para as perguntas que ocorrem no dia a dia, nas conversas com os amigos. Para haver pergunta, obviamente, é necessário haver o perguntador ou inquisidor, por um lado, e, por outro, o respondedor ou aquele que responde à pergunta. Não é necessário que esta dual relação perguntar/perguntado seja estabelecida entre duas pessoas. Essa relação também pode ocorrer entre um pesquisador e seu objeto de estudo. Por exemplo: o estudante de filosofia faz um pergunta ao filósofo já falecido no início do século XIX. Obviamente, não será o filósofo que responderá à questão, mas sim seu legado filosófico encontrado em suas obras. Assim, a pergunta será respondida no encontro entre o estudante e as

---

* Doutorando em Filosofia na Pontifícia Universidade Católica do Rio Grande do Sul (PUCRS) e professor no Instituto de Desenvolvimento Cultural (IDC), Porto Alegre.

obras escritas pelo filósofo, sempre norteado pela(s) pergunta(s) do investigador.

Salta logo aos olhos o seguinte: quem controla a pesquisa[1] é aquele que profere a pergunta. A pergunta nos coloca no caminho de algo que queremos encontrar, e só a fizemos porque ainda não possuímos aquilo que queremos encontrar. Ela nos mostra o caminho ou a direção para onde seguir. Se a pergunta não é benfeita ou é mal formulada, é inegável que a resposta à pergunta não será satisfatória, pois a resposta se correlaciona indiscutivelmente com a pergunta. Em 1903, George Moore publicou a obra *Principia ethica*, na qual faz uma abordagem crítico-analítica das correntes fundamentais da ética. Não considerando isso agora, Moore começa o prefácio da seguinte forma:

> Parece-nos que à ética, como em todas as questões filosóficas, as dificuldades e divergências de opinião de que a sua história está repleta se devem principalmente a uma causa muito simples, a saber, a tentativa de responder a perguntas sem primeiro descobrir exatamente *qual* a pergunta para que se deseja encontrar a resposta. Não sabemos até que ponto seria possível eliminar esta fonte de erro se os filósofos *tentassem* descobrir que pergunta estão a formular antes de lhes responderem, pois a tarefa de analisar e estabelecer distinções é muitas vezes difícil – e muitas vezes podemos não conseguir descobrir o que é

---

[1] Uso pesquisa para designar não apenas pesquisa científica, mas também todo tipo de empreendimento que visa o alargamento dos horizontes do conhecer. Pode ser também pesquisa histórica, pedagógica, filosófica, biológica etc. Há de se colocar abaixo o mito de que só a ciência empírica, por trabalhar com objetos propriamente empíricos e por produzir resultados úteis, faz pesquisa.

necessário, mesmo quando nos esforçamos verdadeiramente por isso (1999, p. 73).

Mesmo não evidenciado aqui a crítica proferida por Moore às várias correntes éticas, nós nos valemos da proposta por ele feita no fragmento citado. Tentar responder a uma pergunta sem ter descoberto especificamente qual a pergunta que será respondida gera, além de mal-entendidos e possíveis contradições, um trabalho pouco produtivo, por causa da falta de um fio condutor, o qual é proposto pela pergunta bem formulada. Moore aponta a necessidade de descobrir, antes de qualquer coisa, qual é a verdadeira pergunta, ou seja, qual é o verdadeiro caminho para onde e por onde a pesquisa será conduzida. O pesquisador, em seu laboratório, não começa fazendo experimentos de forma aleatória para, por um acaso do destino, fazer avanços científicos. As hipóteses são as norteadoras da pesquisa e podem ser feitas, o mais das vezes, de forma interrogativa. Essas perguntas obedecem a uma determinada ordem preestabelecida, garantindo um fio condutor visível *na* e *para* a pesquisa.

Muitas vezes, como diz Moore, estabelecer o *necessário* é difícil, mesmo quando há um considerável esforço para isso. Mas, se um verdadeiro esforço é feito para buscar as perguntas fundamentais, poder-se-ia eliminar grandes adversidades e divergências. Moore pensa ter conseguido encontrar as verdadeiras perguntas para estabelecer uma verdadeira crítica às várias concepções éticas por ele conhecidas. Assim, diz que

> tentamos neste livro distinguir claramente entre duas questões para as quais os filósofos da ética afirmam ter encontrado resposta, mas que, na verdade, como tentamos demonstrar, sempre confundiram, não só entre si como também com outras. Estas duas questões podem ser formuladas, à primeira vista, da seguinte forma: que espécie de coisas devem existir em função de si mesmas? e, à segunda, que tipo de ações devemos praticar? Tentaremos mostrar com clareza exatamente o que pretendemos saber quando perguntamos se uma determinada coisa deve existir por si mesma, se ela é, em si mesma, boa, se tem valor intrínseco; e exatamente o que pretendemos saber acerca de uma ação quando perguntamos se a devemos praticar, se se trata de uma ação correta ou de um dever (1999, p. 74).

Podemos, é claro, contestar a análise da ética feita por Moore, mas não propomos isso aqui. O importante é notar, assim como já apontamos, a necessidade de estabelecer perguntas para, assim, visualizar um objetivo claro a ser atingido. Todo perguntar somente estará completo quando encontrar seu par correlativo, a saber, a resposta. Não há pergunta que pretenda ser apenas pergunta, pois ela gera um direcionar, gera uma tendência a alguma coisa. Perguntar pode, sim, ser considerado um método, e o vocábulo método, etimologicamente falando, provém do grego: *meta* ("ao longo de") e *hodós* ("caminho"), significando a *busca* da verdade de uma terminada discussão, objeto, assunto etc.

Contudo, há aqui uma inquietação, dissemos que toda pergunta benfeita (e também aquela mal formulada) visa a alcançar seu objetivo, a resposta. Mas será que realmente não existem perguntas que têm por objetivo simplesmente perguntar sem querer ser respondidas? Talvez possamos pensar naquelas perguntas que fazemos a nós mesmos quando estamos sós, ou mesmo em meio a uma grande multidão. No entanto, embora sejam perguntas reflexivas ou autorreflexivas, *pré*-tendem, ainda que não com relação a um objeto, assunto ou pessoa, uma autorresposta, uma vez que tais perguntas são feitas na consciência de cada um e, na maioria das vezes, por inquietações pessoais ou por fatos que geram necessariamente perguntas desse nível. Ao presenciar o roubo da bolsa de uma senhora, pergunto a mim mesmo: Por que isso acontece? Por que aquela senhora? Por que não eu? Será que isso vai acontecer comigo? Que é preciso fazer para se evitar isso? Tais perguntas brotam por causa da vivência de um fato impactante. Outras perguntas desse nível – reflexivas – surgem também em outras situações não tão extremas. No *shopping center*, observando a grande multidão que lá se movimenta, começam a surgir várias inquietações: Por que todos estão aqui? Que fazem aqui? Por que precisamos destes "novos templos de consumo"? Perguntas desse nível demonstram um alto grau de criticidade do perguntador. Tais perguntas, na maioria dos casos, não visam à resposta de outras pessoas, embora possam ser compartilhadas com outras pessoas para saber o que pensam a respeito. São perguntas cujas respostas são um busca constante, confundindo-se, às vezes, com o modo de o indivíduo conduzir sua vida. Elas podem chegar a níveis tão inquietantes que fazem tal indivíduo rever e reatualizar suas crenças, perspectivas e objetivos.

Dessa forma, o perguntar reflexivo, aquele que fazemos a nós mesmos no nosso âmago, também encontra resposta, por mais difícil que em algumas situações possa parecer, e, em alguns casos, essas respostas afetam diretamente a maneira de se viver. Assim, depois de presenciar o assalto e ser inquietado com muitas questões (já elencadas), posso, como uma resposta possível, contribuir (ensinando, ou com ajuda financeira etc.) com a educação de crianças e jovens necessitados, evitando, assim, que no futuro essas pessoas se tornem delinquentes. Aqui pressupomos a tese de que pela educação é possível transformar a vida das pessoas.

Disso tudo constatamos duas possíveis classes de perguntar: 1) o perguntar objetivo, que se refere a uma pesquisa (científica, histórica, filosófica, pedagógica etc.) e 2) o perguntar subjetivo, que se refere a um questionar introspectivo, perguntas que estremecem, modificam e, ao mesmo tempo, constroem o *Lebenswelt* (mundo da vida). Dito isso, queremos nos concentrar, agora, um pouco mais no primeiro nível de perguntar.

Nessa perspectiva, John Searle, em seu brilhante livro *Os atos de fala: um ensaio de filosofia da linguagem*, analisando os atos ilocucionais,[2] constata que o *perguntar*, entre muitos outros, faz parte desses tipos de atos (ilocucionais). Assim, a força ilocucionária dos atos interrogativos está na pergunta, a qual é uma maneira *especial* de petição (pedir). Esse pedir ganha duas formas no perguntar, a saber: 1) pedir informações, a qual é, para Searle, uma pergunta *real*, e/ou 2) pedir que o interlocutor mostre conhecimento, a qual se qualifica como pergunta *exame*. Assim, nas "perguntas reais o indivíduo quer saber/descobrir a resposta, enquanto nas perguntas de exame o indivíduo quer saber se o interlocutor sabe" (Searle, 1981, p. 88).

Isso explica a nossa intuição de que uma enunciação na forma de pedido, "diga-me o nome do primeiro presidente dos Estados Unidos", é equivalente em força a uma enunciação na forma de pergunta: "qual o nome do primeiro presidente dos Estados Unidos?". Também explica, em parte, porque é que o verbo em inglês "to ask" cobre tanto pedidos como perguntas, por exemplo: "He asked me to do it" (pedido) e "He asked me why" (pergunta) (Searle, 1981, p. 92).

O verbo inglês "to ask", como se evidenciou acima, comporta tanto o *pedir* como também o *perguntar*, o que não ocorre no português. Dessa forma, a primeira pergunta em inglês poderia ser

---

[2] Dito de forma sucinta, Searle admite, assim como fizera John L. Austin em seu livro *How To Do Things with Words* (1962), que, ao proferir uma frase, acontecem três atos simultâneos, a saber: ato locutório ou locucional, ato ilocutório ou ilocucional e ato perlocutório ou perlocucional. Interessa-nos, neste momento, apenas o segundo, o ato ilocucional, ou seja, as frases, ao serem ditas, faladas ou proferidas, cumprem por si mesmas o ato ilocutório, que leva, por sua vez, a certas transformações entre os interlocutores.

traduzida da seguinte maneira: "ele me pediu para fazer isto"; e a segunda: "ele me perguntou por quê" ou "ele me perguntou por qual razão". Searle busca em seu estudo a possibilidade de existir atos ilocutórios básicos, nos quais seja possível reduzir todos os demais verbos ou ato ilocutórios. Segue disso um quadro comparativo (cf. Searle, 1981, p. 88-90) entre as ilocuções *pedir, afirmar* (ou *asseverar*), *perguntar, agradecer, aconselhar, avisar, cumprimentar* e *congratular*. Ele constata, por exemplo, que *agradecer* é um ato referido ao passado, enquanto o ato *pedir* implica um ato futuro, e o perguntar acolhe tanto perguntas futuras como passadas.

Dessa forma, o perguntar envolve vários atos, quais sejam: a) ao que parece, o interlocutor só fornece uma informação quando a ele é referida uma pergunta; b) é obvio que desejo tal informação; c) se faço uma pergunta *real*, é óbvio que desejo uma resposta; d) ao dirigir uma pergunta de *exame*, pretendo saber se ele sabe, a qual se diferencia de saber toda a informação (*real*) (cf. Souza; Silva; Pinheiro, 2000, p. 40-41). O perguntar é, nesse modo de ver, um desejo de saber algo que realmente não se conhece ou, então, saber se o interlocutor sabe aquilo que é perguntado, qualificando-se, assim, de perguntar examinativo.[3]

---

[3] Searle faz uma minuciosa análise das *condições de sinceridade* dos atos ilocucionários, na qual ficam evidenciadas as condições necessárias para um ato ser sincero. Na passagem seguinte o filósofo afirma uma condição de sinceridade e ao mesmo tempo destaca o perguntar como desejar/querer: "Sempre que haja um estado psicológico especificado na condição de sinceridade, o desempenho do ato conta como uma *expressão* desse estado psicológico. Essa lei é válida independentemente de o ato ser sincero ou não, isto é, independentemente de o falante

Contudo, quando perguntamos, no sentido de perguntar *real* como demonstrou Searle, não sabemos nada sobre o perguntado? Ou *previamente* sabemos algo sobre o perguntado? Nessa perspectiva, Heidegger faz uma das mais brilhantes análises sobre o perguntar, embora, é claro, tenda a responder à pergunta pelo sentido do ser, no qual o ente está sendo compreendido. Citamos, a seguir, um longo, mas ao mesmo tempo instigante, fragmento do livro *Ser y tiempo*:

> Todo perguntar é uma busca. Todo buscar está guiado previamente por aquilo que se busca. Perguntar é buscar conhecer o ente no que respeita o fato de que é e o seu ser-aí. A busca cognoscitiva pode converter-se em "investigação", isto é, em uma determinação descobridora daquilo que se pergunta. Todo perguntar implica, enquanto perguntar por..., algo posto em questão (*sein Gefragtes*). Todo perguntar por... é de alguma maneira um interrogar a... Pertence ao perguntar, além do posto em questão, um *interrogado* (*ein Befragtes*). Na pergunta investigadora, isto é, especificamente teorética, o posto em questão deve ser determinado e levado a conceito. No posto em questão temos, então [...], o *perguntado* (*das Erfragte*), aquele no qual o perguntar chega à sua meta. Perguntar pode ser empreendido como um "simples perguntar" ou como um questionamento explícito. O peculiar deste último consiste

---

ter efetivamente o estado psicológico especificado ou não. Assim, asseverar, afirmar, declarar (que *p* [proposição afirmativa de ou sobre algo]) conta como uma *expressão de crença* (que *p* crê que tal proposição é verdadeira). Pedir, *perguntar* [grifo nosso], ordenar, implorar, apreciar, rezar ou comandar (que *A* [algo] seja feito) é considerado como uma *expressão de querer ou desejar* (que *A* seja feito). Prometer, jurar, ameaçar ou congratular conta como *expressão de intenção* (de fazer *A*). Agradecer, dar boas-vindas ou congratular conta como uma *expressão de gratidão, de prazer* (pela chegada de *O* [alguém]), ou *de prazer* (pela boa sorte de *O*)" (1981, p. 86-87).

em que o perguntar se faz primeiramente transparente em todos os caracteres constitutivos da pergunta mesma que acaba de ser mencionada. [E] enquanto busca, o perguntar está necessitado de uma prévia condução [orientação] da parte do buscado (Heidegger, 1998, p. 28).

Nem todo buscar é um questionar, pois um pássaro que busca a saída da gaiola não questiona, apenas quer sair. Para Keller, o perguntar se distingue do restante das buscas por ganhar uma formulação explícita na linguagem. E quem pergunta sabe também, como bem demonstra Heidegger, pelo que pergunta, diferenciando-se, assim, por exemplo, de um animal que está em busca, pois esse é guiado em direção a alguma coisa por meio de comportamento nato ou adquirido (talvez pudéssemos pensar aqui, também, nos bebês e nas pessoas que agem inconscientemente). Aquilo chamado de *questionado* por Heidegger exige que o homem busque com consciência e claridade para, assim, saber pelo que pergunta e busca. O saber prévio é condição de possibilidade de um buscar e perguntar com sentido, pois, do contrário, jamais saberíamos *que* ou *por que* estamos buscando. Dessa forma, pergunta-se a quem entra numa livraria e começa a vasculhar as prateleiras qual o livro que está buscando. A pessoa pode responder que não busca nada específico, mas encontra, algumas vezes, algo que lhe interessa. Não busca um autor em particular, muito menos um título singular, mas busca ao acaso, mediante seu interesse. Ainda assim, há uma busca aqui, mesmo ela sendo busca vaga. Quem pergunta precisa saber, de forma não tão consistente, pelo que está perguntando.

Ninguém pergunta sobre aquilo que nunca ouviu falar. Logo, o verdadeiro buscar só se aquieta na medida em que o buscado é encontrado (cf. Keller, 2009, p. 15-16).

Contudo, o saber prévio – aquele que nos direciona a buscar/perguntar – é, em um primeiro momento, essencial como direcionador, mas também é, em segundo lugar, problemático, na medida em que é compreensão mediana e, de certa forma, também leviana. Isso porque, como bem constatou Heidegger, o saber prévio pode estar impregnado de falsas teorias e preconceitos, gerando, consequentemente, um falso saber (cf. Heidegger, 1998, p. 29). Por isso o saber prévio apenas assinala o buscado, mas não deve conduzir a busca. A busca é orientada pelo perguntado e somente nele são encontradas verdadeiras respostas.

Encontramos, então, na constatação de Heidegger, três elementos que fazem parte do ato de perguntar: o *questionado* (busca por algo), o *perguntado* (resposta intencionada), como vimos, e, por último, o *interrogado*.[4] Esse é o alvo da pergunta, o qual deveria[5] nos dar a resposta. Já mencionamos a quem a pergunta pode ser dirigida e averiguamos que na maioria das vezes elas são dirigidas a outras pessoas. Todavia, pode também ser uma pergunta reflexiva ou uma pergunta dirigida aos livros e escritos, ou ainda dirigida à natureza. Por conseguinte, o interrogado é objeto de *escolha* do

---

[4] Esta tripartição é proposta por Keller no livro já aqui mencionado.
[5] Uso o termo *deveria* para enfatizar o caráter teórico desta análise, pois, no âmbito prático-real, nem sempre o processo resulta numa resposta certa ou confiável.

19

perguntador, sendo que somente perguntará sobre aquilo que já previa e obscurecidamente conhece. O ser humano sempre manifestou uma forte pulsão pelo conhecimento, que pode, é claro, não estar determinado em um objeto ou uma classe de objetos, estendendo-se, dessa forma, abertamente a tudo. Contudo, por outro lado, o conhecimento humano é seletivo, isto é, sua percepção e modo de vida são condicionados por motivações, interesses próprios e impulsos exteriores, voltando-se, consequentemente, a parcelas e perspectivas relativamente pequenas do cognoscível. Dessa maneira, um objeto ou uma classe de objetos podem ser precisamente conhecidos, gerando avanços científicos e teóricos. Nossa finitude não se restringe apenas a alguns anos passageiros na terra, mas também se aplica ao âmbito do conhecimento, uma vez que não possuímos a capacidade de abarcar todo conhecimento, ou, se possuímos, ainda não descobrimos como usá-la (Keller, 2009, p. 17). O fato é que no "caso é válida a constatação de que pela formulação da pergunta já [se] estabeleceu qual resposta se pode esperar e qual não" (Keller, 2009, p. 19). Logo, assim como o conhecimento humano é seletivo, o perguntar também deve ser seletivo na escolha do *interrogado*. É preciso refletir bem para quem se deve fazer uma questão. Perguntar a um psicólogo, por exemplo, o que é e como funciona a *teoria restrita da relatividade* parece não ser uma boa deliberação.[6] Tal pergunta deveria ser

---

[6] Uso isso apenas como exemplo, o que não impede, absolutamente, que em determinada instância um psicólogo responda a essa questão com competência igual ou superior à de um físico. Apenas destaco, de modo geral, a necessidade de formular perguntas a quem realmente pode dar respostas (seja pessoa, texto ou objeto).

dirigida a um físico. Da mesma forma, perguntar a um físico qual é a concepção de *eu* em Lacan também não parece ser uma boa escolha. É óbvio que o perguntar visa a uma resposta, por isso há necessidade de escolher a quem será dirigida uma pergunta, pois o simples fato de dirigir a pergunta pressupõe que o *interrogado* seja capaz de respondê-la (exceto nas perguntas de *exame*, como mostrou Searle). Nessa perspectiva, o perguntador crê, ao menos até ouvir a resposta, que o questionado é suficientemente capaz de responder à questão. Isso ocorre da mesma forma com textos, escritos e objetos, ou seja, pressupõe-se que sejam capazes de responder às inquirições.

Disso constatamos que o perguntar obedece, na maioria das vezes (salvo o perguntar reflexivo), a uma estrutura dialógica entre perguntador e *interrogado*, e a condição preliminar para que ele ocorra é o fato de constantemente transitarmos entre o *saber* e o *não saber*. O não saber é o responsável pela busca, pela procura, pelo nascer do perguntar. A frase atribuída a Sócrates – "só sei que nada sei" – é, sem dúvida, a expressão de um incessante buscar. O saber não possui limite e, mesmo sabendo uma pequena parcela do todo, preferimos buscar o "restante" do conhecimento em vez de nos contentarmos com aquilo que temos. Logo, saber que nada se sabe é uma atitude de humildade diante de uma totalidade de conhecimento que se apresenta. A palavra grega *thauma* sugere bem a atitude diante do saber não conhecido, ou seja, espanto/admiração, gerando, por conseguinte, uma inquietação latente que aflora no perguntar. O perguntar real quer conhecer o desconhecido, quer saber o não sabido, quer esclarecer uma parcela obscura de seu referencial teórico.

No entanto, ao mesmo tempo que a descoberta do não saber se torna para alguns a condição para o espanto e a busca constante, também há indivíduos que se fecham em seu "curto referencial teórico", ou, ainda, "contentam-se com o pouco que sabem". Aqui o perguntar enquanto busca é obnubilado. Há duas perspectivas para interpretar tal situação: 1) Ignora-se a capacidade limitada de nosso conhecer, por isso se acredita na falsa crença de que já sabemos o bastante. Isso não permitirá o surgimento de novas perguntas e, consequentemente, não haverá superação e ampliação do conhecimento. Tal atitude é arrogante e dogmática (não em sentido religioso) na medida em que não se atualiza naquilo que sabe, muito menos expande seu conhecimento a novos horizontes. 2) Não menos problemático é o segundo aspecto. Aqui o perguntar é entravado pela maldade, pela covardia e pela indolência, que fazem os indivíduos se esconderem atrás do saber obtido. Essas duas perspectivas são superadas na medida em que buscamos conhecer. Nessa perspectiva, a máxima de Kant, mesmo pronunciada há mais de duzentos anos, é sempre atual: "*Sapere aude! Habe Mut, dich deines eigenen Verstandes zu bedienen!*".[7] Usar o próprio entendimento significa, entre outras coisas, desvelar o desconhecido mediante o perguntar. E perguntar é, como vimos

---

[7] "Ouse saber. Tenha coragem de servir-se de teu próprio entendimento." KANT, Immanuel. *Beantwortung der Frage: was ist Aufklärung?* Band XI, A481.

em Searle, um querer, um desejar algo. Perguntar é um verbo que necessariamente precisa de complemento, pois perguntar é sempre perguntar para alguém, ou algo, alguma coisa.

Dito isso, segundo Keller, podemos nos dedicar com diferentes graus de intensidade a uma pergunta. Isso dependerá de quanto tempo queremos e podemos dispor para respondê-la. "Ao lado disso, também os meios espirituais e materiais de que dispõe quem pergunta determinam a intensidade com que persegue uma pergunta" (Keller, 2009, p. 27). Muito mais decisiva é a motivação do perguntador, o interesse que acompanha a pergunta e os meios empregados para respondê-la. Keller (2009, p. 27) assevera que,

> se for apresentada a alguém uma questão da qual ele não vê razão alguma para se empenhar nela, e mesmo assim não pode dela se livrar, nesse caso não irá mostrar muito interesse em respondê-la; antes, irá dar-se por satisfeito com uma resposta superficial, mal fundamentada e examinada, quando não evasiva. Ao contrário, se a pergunta lhe interessar, buscará responder a ela do modo mais fundamentado, sistemático e exato possível. Com os limites abertos tanto para cima como para baixo, é possível estabelecer aleatoriamente diversos graus de empenho e cuidado na elaboração de uma pergunta.

Um desses graus de cuidado e empenho é visualizado no *sentido* da pergunta, ou seja, uma pergunta coerente que não seja autocontraditória. Por exemplo: Por quantos ângulos retos é formado um círculo? Isso é um perguntar sem sentido, pois um círculo não possui ângulos retos, afinal é um círculo. Outra pergunta sem sentido: O que ocorreu em Auschwitz-Birkenau foi bom? Outro grau de cuidado e empenho que está relacionado com o anterior é saber de onde parte, ou seja, qual conhecimento prévio possuímos daquilo que interrogamos (já discutido) para saber aonde se quer chegar. Isto é, a "pergunta deve ser de tal modo adequada ao intento que encontre do melhor modo possível a resposta esperada, com a precisão e a fundamentação esperada" (Keller, 2009, p. 28).

Por fim, cabe dizer mais uma vez que o perguntar é, sem dúvida, uma das molas propulsoras do conhecimento, e todo perguntar indica de antemão quem é ou o que é interrogado. Assim, perguntar é uma atividade, e toda atividade exige ação. Logo, perguntar é agir em busca do desconhecido. Agir dessa forma é sair da menoridade, ou seja, buscar saber aquilo que ainda não conhecemos, pois todo perguntar é um desejar, e o desejar é ansiar por algo que ainda não possuímos. As crianças costumam fazer muitas perguntas à medida que aprendem a falar. Perguntam sobre tudo e todos: Por que isso é assim? Por que aquilo é daquela forma e não de outra? De onde eu vim? Por que o céu é azul e não amarelo com pintinhas pretas? As crianças são mestras em fazer perguntas estranhas e ao mesmo tempo inquietantes, de modo que algumas das questões por elas feitas nunca foram sequer pensadas por nós. Elas, as crianças, perguntam porque querem saber, porque querem entender aquilo que não entendem, porque estão espantadas (não assustadas!) com a quantidade de coisas e pessoas que as rodeia.

Como dizia Aristóteles, "todos os homens têm, por natureza, desejo de conhecer",[8] e o perguntar apresenta-se como um modo legítimo e confiável na busca do conhecimento.

Referências bibliográficas

ARISTÓTELES. *Metafísica*. Trad. Vicenzo Coco. Notas de Joaquim Carvalho. São Paulo: Abril Cultural, 1984. L, I, 1, p. 11.

HEIDEGGER, Martin. *Ser y tiempo*. Trad. Jorge E. Rivera. Santiago do Chile: Editorial Universitaria, 1998.

KANT, Immanuel. *Beantwortung der Frage;* was ist Aufklärung? Ed. für Wilhelm Weischedel. Frankfurt: Suhrkamp, 1968. Werke in zwölf Bänden. Band. XI.

KELLER, Albert. *Teoria geral do conhecimento*. Trad. Enio P. Giachini. São Paulo: Loyola, 2009.

MOORE, George R. *Principia ethica*. Trad. Maria M. Santos e Isabel P. dos Santos. Lisboa: Fundação Calouste Gulbenkian, 1999.

SEARLE, John R. *Os atos de fala;* um ensaio de filosofia da linguagem. Trad. Carlos Vogt (coord.). Coimbra: Livraria Almedina, 1981.

SOUZA, Paulo; SILVA, Ricardo A.; PINHEIRO, Ricardo T. O que é uma pergunta: diálogos entre a psicanálise e a linguística de Austin e Searle. *Linguagem & Ensino*, Pelotas, v. 3, n. 2, p. 29-47, 2000.

---

[8] ARISTÓTELES. *Metafísica*. Trad. Vicenzo Coco. Notas de Joaquim Carvalho. São Paulo: Abril Cultural, 1984. L, I, 1, p. 11.

Jayme Paviani*

Por que a admiração?[1]

O que é a admiração? Por que a admiração? Como explicar a perda da capacidade de se admirar? Essas perguntas formuladas desde os primeiros filósofos gregos até os dias de hoje recebem diferentes respostas. No entanto, como é da natureza da filosofia, toda pergunta continua indagando mesmo quando aparentemente calada por uma resposta. Além disso, a pergunta que indaga o que é a admiração busca uma resposta satisfatória ou uma explicação do fenômeno da admiração, mas, na realidade, procura muito mais, quer saber algo a respeito do próprio ser humano.

Inicialmente, sob o ponto de vista da linguagem comum, a admiração indica a ação ou o efeito de admirar na medida em que consiste no forte sentimento de prazer diante de alguém ou algo que se considera incomum ou extraordinário. Pode-se, ainda, acrescentar que a admiração é uma disposição emocional que traduz respeito, consideração, veneração por pessoa

---

[*] Graduação em Filosofia e em Ciências Jurídicas e Sociais pela Universidade de Caxias do Sul. Mestrado e doutorado em Linguística e Letras pela Pontifícia Universidade Católica do Rio Grande do Sul. Professor de Filosofia e coordenador do Programa de Pós-Graduação em Educação, curso de Mestrado, da Universidade de Caxias do Sul.

[1] A primeira versão do presente texto foi apresentada no "Projeto Café e Debate: Conexão Razão-Fé-Vida", na Paulus Livraria de Caxias do Sul, sob a coordenação do Prof. Dr. Paulo César Nodari, no dia 12 de abril de 2008.

ou obra, por certos aspectos da personalidade humana. No último sentido, é possível traduzir a admiração como um sentimento que exprime espanto, surpresa, pasmo, diante de algo que não se espera.

Essas noções ou características da admiração na história da filosofia e da ciência ganham novos desdobramentos conceituais. Por isso, sob o enfoque teórico, é possível mostrar a relevância do fenômeno da admiração em relação, por exemplo, ao conhecimento filosófico e à compreensão do ser humano, do mundo e dos outros. Nessa perspectiva, podemos reconstituir uma história do conceito de admiração, e suas origens, como em muitos outros fenômenos, podem ser localizadas em Platão e Aristóteles. Foram eles, em seus escritos, os primeiros a apontar as relações entre o fenômeno da admiração e a origem do filosofar.

A admiração em Platão

Platão, no *Teeteto*, diálogo sobre o conhecimento, ao expor a teoria de Protágoras, apoiada no pensamento de Heráclito, de que "o homem é a medida de todas as coisas, da existência das que existem e da não existência das que não existem" (152 a), depois de examinar as objeções à tese sobre o saber como sensação, num determinado momento da conversação, sob o impacto dos argumentos de Sócrates, declara: "Pelos deuses, Sócrates, causa-me grande admiração o que tudo isso possa ser, e só de considerá-lo chego a ter vertigem" (155, c, d).

Sócrates, então, diante dessa declaração de Teeteto, comenta: "Estou vendo, amigo, que Teodoro não ajuizou erradamente tua natureza, pois a admiração é a verdadeira característica do filósofo. Não tem outra origem a filosofia. Ao que parece, não foi mau genealogista quem disse que Íris era filha de Taumante (Admiração)". (*Teeteto*, 155 d).

O amor da sabedoria e da filosofia é suscitado pelo admirar-se. Mas é do estilo de Platão jogar com as palavras. Ele tira proveito do termo grego *taumasein*, ou *taumante*, que Hesíodo, na *Teogonia*, verso 265, diz ser pai de Íris, mensageira dos deuses entre os homens. Ocorre que Íris também é identificada com a filosofia. Assim, na visão de Hesíodo, Íris, filha de Taumante, é símbolo da filosofia que nasce da admiração.

Sócrates observa que Teeteto percebe a relação entre tudo o que é dito e a proposição que é atribuída a Protágoras. Essa capacidade de percepção causa admiração. Ele se admira ao descobrir as relações entre o devir de Heráclito e o relativismo de Protágoras.

A admiração em Aristóteles

Aristóteles escreve que a admiração impulsionou os primeiros filósofos a pensar. Na *Metafísica*, livro I, 2, 10-20, escreve:

> De fato, os homens começaram a filosofar, agora como na origem, por causa da admiração, na medida em que, inicialmente, ficavam perplexos diante das dificuldades mais simples; em seguida, progredindo pouco a pouco, chegaram a enfrentar problemas sempre maiores, por exemplo

os problemas relativos aos fenômenos da lua e aos do sol e dos astros, ou os problemas relativos à geração de todo o universo. Ora, quem experimenta uma sensação de dúvida e de admiração reconhece que não sabe; e é por isso que também aquele que ama o mito é, de certo modo, filósofo: o mito, com efeito, é constituído por um conjunto de coisas admiráveis. De modo que os homens filosofaram para libertar-se da ignorância, é evidente que buscavam o conhecimento unicamente em vista do saber e não por alguma utilidade prática. E o modo como as coisas se desenvolveram o demonstra: quando já se possuía praticamente tudo o de que se necessitava para a vida e também para o conforto e para o bem-estar, então se começou a buscar essa forma de conhecimento. É evidente, portanto, que não a buscamos por nenhuma vantagem que lhe seja estranha; e, mais ainda, é evidente que, como chamamos livre o homem que é fim para si mesmo e não está submetido a outros, assim só esta ciência, dentro de todas as outras, é chamada livre, pois só ela é fim para si mesma.

A admiração em Descartes

Descartes, em *As paixões da alma*, na segunda parte, art. 53, afirma o seguinte sobre a admiração:

> Quando o primeiro contato com algum objeto nos surpreende, e quando nós o julgamos novo, ou muito diferente do que até então conhecíamos ou do que supúnhamos que deveria ser, isso nos leva a admirá-lo e ao nos espantarmos com ele; e como isso pode acontecer antes de sabermos de algum modo se esse objeto nos é conveniente ou não, parece que a admiração é a primeira de todas as paixões; e ela não tem contrário, porquanto, se o objeto que se apresenta nada tem em si que nos surpreenda, não somos de maneira nenhuma afetados por ele e nós o consideramos sem paixão.

Na primeira parte de *As paixões da alma*, Descartes define a paixão: "[...] tudo quanto se faz ou acontece de novo é geralmente chamado pelos filósofos uma paixão em relação ao sujeito a quem acontece, e uma ação com respeito àquele que faz com que aconteça".

Descartes, ao enumerar as paixões, depois da admiração, menciona a estima ou o desprezo, a generosidade ou o orgulho, e a humildade ou a baixeza. Segue relacionando a veneração e o desdém; o amor e o ódio; o desejo; a esperança, o temor, o ciúme, a segurança e o desespero; a irresolução, a coragem, a ousadia, a emulação, a covardia e o pavor; o remorso; a alegria e a tristeza, a zombaria, a inveja, a piedade; a satisfação de si mesmo e o arrependimento, e outras ainda. Finalmente, no art. 70 define e aponta a causa da admiração. Diz:

> A admiração é uma súbita surpresa da alma, que a leva a considerar com atenção os objetos que lhe parecem raros e extraordinários. Assim, é causada primeiramente pela impressão que se tem no cérebro, que representa o objeto como raro e por conseguinte digno de ser muito considerado; em seguida, pelo movimento dos espíritos, que são dispostos por essa pressão a tender com grande força ao lugar do cérebro onde ela se encontra, a fim de fortalecê-la e conservá-la aí; como também são dispostas por ela a passar daí aos músculos destinados a reter os órgãos dos sentidos na mesma situação em que se encontram, a fim de que seja ainda mantida por eles, se por eles foi formada.

Mais adiante, Descartes, no art. 73, afirma que o espanto é um excesso de admiração.

A admiração em Espinosa

Espinosa, na *Ética*, ao escrever sobre a origem e a natureza das afecções, depois de definir o desejo como "a própria essência do homem, enquanto esta é concebida como determinada a fazer algo por uma afecção qualquer nela verificada", apresenta a admiração (*admiratio*) como "a imaginação de uma coisa qualquer a que a alma permanece fixa porque essa imaginação singular não tem nenhuma conexão com as outras (ver a proposição 52 desta parte e o seu escólio)".

De fato, para Espinosa, somente a alegria, a tristeza e o desejo são afecções primárias ou primitivas. Menciona a admiração porque se introduziu esse uso, pois ela deriva das três afecções referidas. Ainda é necessário lembrar que Espinosa considera uma afecção como "paixão da alma", mas, segundo ele, temos da afecção uma ideia confusa. As expressões "força de existir" e a afirmação de que a alma "é determinada a pensar tal coisa de preferência a tal outra" não são esclarecedoras.

A admiração em Pascal

Pascal, nos *Pensamentos*, fragmento 401, diz:

> Os animais não se admiram. Um cavalo não admira o companheiro. Não é que não haja entre eles emulação na corrida, mas é sem consequência; pois, estando no estábulo, o mais pesado, o mais mal talhado não

cede sua aveia ao outro, como os homens querem que se lhes faça. Sua virtude se satisfaz por si mesma.

Nos fragmentos 347 e 348, Pascal faz suas famosas afirmações sobre o homem como um caniço fraco, mas pensante. Para ele, toda dignidade humana consiste no poder pensar. A admiração, nesse caso, é um impulso para pensar.

A admiração em Heidegger

O conceito de admiração de Platão e de Aristóteles pode ser entendido hoje como uma "atitude" ou um estado de ânimo (um existenciário) no pensamento de Heidegger de *Ser e tempo*. Poderíamos aproximar o fenômeno de admiração à noção de abertura. Em outros termos, Heidegger fala no "deixar-se entrar no desvelamento do ente". A explicitação dessa expressão talvez expresse a admiração singular, espontânea, que o homem tem ou pode ter em relação ao mundo. O conceito de fenomenologia heideggeriana se resume no "deixar e fazer ver por si mesmo aquilo que se mostra, tal como se mostra a partir de si mesmo".

Trata-se, sem dúvida, de um ponto de partida da filosofia, de um acesso aos fenômenos que exigem um método seguro e apropriado para ser desvelados. De um modo mais direto, Heidegger, em *Que é isto — a filosofia?*, comentando as passagens de Platão e Aristóteles, anteriormente citadas, depois de afirmar que a filosofia e o filosofar fazem parte de uma dimensão humana que é a disposição afetiva, afirma: "Seria muito superficial e, sobretudo, uma atitude mental pouco grega se quiséssemos pensar que Platão e Aristóteles apenas constatam que o espanto é a causa do filosofar" (1971, p. 37). Assim, após mostrar o sentido dos termos gregos *arche* e *pathos*, diz:

> Somente se compreendermos *pathos* como *dis*-posição (*dis-position*), podemos também caracterizar melhor o *thamazein*, o espanto (a admiração). No espanto determo-nos (*être en arrêt*). É como se retrocedêssemos diante do ente pelo fato de ser e de ser assim e não de outra maneira. O espanto também não se esgota neste retroceder diante do ser do ente, mas no próprio ato de retroceder e manter-se em suspenso e ao mesmo tempo atraído e como fascinado por aquilo diante do que recua. Assim, o espanto é a *dis*-posição na qual e para a qual o ser do ente se abre. O espanto é a *dis*-posição em meio à qual estava garantida para os filósofos gregos a correspondência ao ser do ente (1971, p. 37-38).

A admiração em José Ferrater Mora

José Ferrater Mora, no *Dicionário de filosofia*, resumidamente apresenta três aspectos da admiração:

a) A admiração é uma primeira abertura ao externo, causada por algo que nos faz deter o curso ordinário do fluir psíquico. O *pasmo* nos chama fortemente a atenção sobre aquilo de que nos manifestamos pasmados, todavia sem desencadear perguntas sobre ele.

b) A admiração é *surpresa*. O que nos causa admiração é, ao mesmo tempo, maravilhoso e problemático. A surpresa, como a *docta ignorantia*, é uma atitude humilde na qual nos afastamos tanto do orgulho da indiferença como da soberba do *ignorabimus*.

c) A admiração, propriamente dita, põe em funcionamento todas as potências necessárias para responder à pergunta suscitada pela surpresa, para esclarecer sua natureza e significado. Nesse caso, existem *assombro inquisitivo* pela realidade e também um certo amor por ela. Ela nos faz descobrir as coisas como tais, independentemente de sua utilidade. É o assombro ou espanto filosófico de que falava Platão.

A admiração em Gerd Alberto Bornheim

Gerd Alberto Bornheim, em *Introdução ao filosofar* (1970), examina três atitudes fundamentais em relação ao ato de filosofar. A primeira é a da admiração, poderíamos dizer grega; a segunda é a da dúvida cartesiana; e a terceira é a do sentimento de insatisfação moral.

Bornheim escreve: "No comportamento admirativo o homem toma consciência de sua própria ignorância; tal consciência leva-o a interrogar o que ignora, até atingir a supressão da ignorância, isto é, o conhecimento" (1970, p. 10).

No capítulo "Análise da admiração ingênua", Bornheim analisa o fenômeno da admiração no seu manifestar-se primitivo, nos horizontes da ingenuidade e da espontaneidade, e lhe atribui algumas características. A primeira é o sentido de abertura, que pode ser mais bem explicado pela atitude antiadmirativa por excelência, a atitude pessimista. O pessimista não sente admiração diante de nada, portanto está fechado ao mundo, não quer ou não pode surpreender-se com nada. O pessimismo ingênuo vem acompanhado de desconfiança profunda diante da realidade. A admiração, ao contrário, é abertura do homem para o real.

E mais, "o que caracteriza a admiração é o reconhecimento do outro como outro, e porque eu o reconheço enquanto tal posso admirar-me" (1970, p. 23). Não se trata de fusão entre o eu que admira e o que é admirado.

A segunda característica, após o reconhecimento do outro como outro, isto é, da diferença, é a consciência. A consciência ingênua encontra-se espontaneamente voltada para fora de si e só pode ser justificada pelo pressuposto da subjetividade, da interioridade, isto é, do "saber em sua intimidade". Nesse sentido, a consciência ingênua tem duas características básicas: a) a distância e b) a experiência da heterogeneidade.

A distância consiste no ser humano sentir-se separado daquilo que o cerca. Se o homem fosse pura exterioridade, passaria a ser coisa entre coisas, não teria consciência. Se fosse reduzido à interioridade, desapareceria a distância da consciência encarnada. Enfim, a consciência é de tal natureza que "seu ato não permite a fusão, a penetração completa no mundo; ela permanece sempre consciência", orientada para as coisas, o mundo. É nessa duplicidade ou ambiguidade que se estabelece uma relação com o mundo: "Uma interioridade exterior e uma exterioridade interior..." (1970, p. 26). A consciência é experiência da heterogeneidade, isto é, do outro, do diferente.

Em vista disso, "a admiração supõe distância, ruptura de toda imanência e entrega ao transcendente" (1970, p. 27). *Ad-miratio*, como a palavra diz, supõe distanciar-se do objeto admirado. Além disso, só existe admiração onde existe vida consciente. Na admiração ingênua revela-se a consciência. É por isso que o heterogêneo é vivido como algo extraordinário, excepcional.

A terceira característica, depois de Bornheim afirmar que o pasmo não se identifica com a experiência do pasmo, pois esse é mais radical e implica uma confusão diante do real, nem se identifica com a surpresa, pois esta suprime toda a indecisão e toda indistinção. Ao contrário, a admiração ingênua possui significado positivo. (Se nos admiramos de um assassinato, por exemplo, a admiração centraliza-se na perícia da execução, mas não nos seus aspectos danosos e imorais. Talvez seja por isso que os escritores, como Borges em seus contos, descrevem o ato de morrer.)

A admiração é muito mais do que pasmo e surpresa, embora essas marcas possam existir na admiração. Há nela, por exemplo, a possibilidade de abarcar todo real. São essas características que tornam a admiração um dos motivos do filosofar.

Em conclusão, com malícia

Este breve panorama de diferentes concepções do ato de se admirar oferece um exemplo de como a história da filosofia e da ciência se faz de mudanças conceituais. Os conceitos elaborados nas teorias são assinados, isto é, têm autoria, e são reflexos das redes conceituais de uma época, de um sistema, de uma teoria.

Explicar se o homem perdeu ou não a capacidade de se admirar não é fácil. O que parece ser verdadeiro é o fato de que muitas pessoas, por um motivo ou outro, já não se admiram. Por isso Millôr Fernandes, com seu espírito crítico e irônico, que ainda nos causa admiração, afirma com agudeza: "Como são admiráveis essas pessoas que conseguem atravessar a vida toda sem fazer nada de admirável", e, com acentuada malícia, acrescenta: "Como são admiráveis as pessoas que nós não conhecemos muito bem!" (2007, p. 13). Quer dizer, em última instância, que a admiração tem relação com o conhecimento, e que é suficiente conhecer algo ou alguém para não mais nos admirarmos. Um dos caminhos diretos ao conhecimento, sem dúvida, é o da admiração.

Referências bibliográficas

ARISTÓTELES. *Metafísica*. São Paulo: Loyola, 2002.
BORNHEIM, G. A. *Introdução ao filosofar*. Porto Alegre: Globo, 1970.
DESCARTES, R. *Obra escolhida*. São Paulo: Difusão Europeia do Livro, 1962.
ESPINOSA, B. *Ética*. São Paulo: Abril Cultural, 1973.

FERNANDES, M. *Millôr definitivo;* a Bíblia do caos. Porto Alegre: L&PM, 2007.

FERRATER MORA, J. *Diccionario de filosofía.* Buenos Aires: Editorial Sudamericana, 1965.

HEIDEGGER, M. *Que é isto – a filosofia? Identidade e diferença.* São Paulo: Livraria Duas Cidades, 1971.

_____. *Ser e tempo.* Petrópolis: Vozes, 1988.

PASCAL. *Pensamentos.* São Paulo: Difusão Europeia do Livro, 1957.

PLATÃO. *Teeteto e Crátilo.* Tradução de Carlos Alberto Nunes. Belém: Universidade Federal do Pará, 1988.

Décio Osmar Bombassaro*

Por que o pensamento?[1]

A maioria das crianças passa, em maior ou menor grau, pela fase do *por quê?* Por exemplo: Por que é preciso realizar aquela tarefa? Por que as coisas acontecem? Julian Baggini (2008, p. 30-31) explica que o problema é que a criança não sabe quando parar e os pais – com frequência – não sabem fazê-las parar. O editor da *Philosopher's Magazine* apresenta um exemplo: Para qualquer enunciado "A" surge a pergunta: "Por que A?". Essa pergunta geraria uma resposta: "Por causa de B", que por sua vez geraria uma outra pergunta: "Mas por que B?". "Por causa de C" e assim sucessivamente.

"É um intercâmbio infinito", salienta Baggini. E pergunta: "Como dar-lhe um fim arbitrário?". Ele destaca que os seres humanos tendem a uma visão "teleológica" em termos de vida, o que pressupõe uma explicação produzida a partir de objetivos futuros. Assim, para que as explicações teleológicas sejam completas, elas devem terminar em algo que é um fim em si (p. 30-31). O autor britânico recorda que a visão clássica

---

* Graduação em Letras com especialização em Filosofia pela Universidade de Caxias do Sul. Mestrado em Filosofia pela Pontifícia Universidade Católica do Rio Grande do Sul (PUC-RS). Professor aposentado do curso de Filosofia da Universidade de Caxias do Sul.

[1] A primeira versão do presente texto foi apresentada no "Projeto Café e Debate: Conexão Razão-Fé-Vida", na Paulus Livraria de Caxias do Sul, sob a coordenação do professor doutor Paulo César Nodari, no dia 10 de maio de 2008.

da teleologia e do bem humano está na *Ética a Nicômaco*, de Aristóteles, o que facilita a compreensão de como é tentar responder a uma criança curiosa e insistente.

Preocupado com a falta de sentido da linguagem, o que resultaria em um discurso sobre o nada, o professor e advogado Marcus Fabius Quintilianus (30-100) elaborou o tratado de retórica mais completo e mais claro de toda a Antiguidade. Agregado a doze livros, era dedicado à educação do orador, sob o título *De institutione oratoria*. Na obra, apresenta o hexâmetro técnico da retórica, formulado a partir das seguintes indagações: *Quis?* (Quem? – Pessoa); *Quid?* (O quê? – O fato); *Ubi?* (Onde? – Lugar); *Quibus auxillis?* (Por que meios? – Os meios); *Cur?* (Por quê? – Os motivos); *Quomodo?* (Como? – O modo); *Quando?* (Quando? – O tempo).

A experiência mostra que a indiferença pela discussão sobre termos é, frequentemente, acompanhada por uma confusão de ideias sobre a própria coisa. Algumas questões do *por quê?* não necessitam ou, mesmo, não podem ter respostas. Na enciclopédia *The Oxford Companion to Philosophy* (1995, p. 850-851) adota-se a concepção de que a questão do *por quê?* é respondida explicando o *porquê*, que consiste em estabelecer a razão de que... Aqui, não cabe o uso de *explicar que*, que é diferente. Assim, uma explicação *porque* deve, em primeiro lugar, estabelecer uma *razão para pensar* que a questão a explicar é verdadeira (p. 850-851).

O pensamento possui leis, determinadas em dois grupos: a) *o que é*, é (equivocadamente chamada "lei de identidade"); b) *nada é e não é ao mesmo tempo* ("lei de não contradição"; às vezes, também considerada "lei do terceiro excluído"). Tais leis não são descritivas, que tratam de como pensam as pessoas; são leis prescritivas, que estabelecem às pessoas como pensar ou, precisamente, como raciocinar (p. 619). Para Simon Blackburn, é comum pensar que as pessoas se caracterizam por sua racionalidade e que o sinal mais evidente da mesma é a capacidade de as pessoas pensarem (1997, p. 292).

Na condição de autor, no seu *Dicionário Oxford de filosofia* Blackburn expressa que o pensamento é o ensaio mental do que se vai dizer, ou do que se vai fazer. Nem todo pensamento é verbal, uma vez que os jogadores de xadrez, compositores e pintores pensam, mas não há qualquer razão *a priori* para pensar que as suas deliberações mentais têm uma forma mais verbal do que as suas ações (p. 292). No tocante ao *por quê?*, muitas explicações são respostas a um *por quê?*, acentua Blackburn. Todavia, em que consiste uma concepção possível do que é uma boa explicação? É a afirmação de que a única característica que as explicações têm em comum é justamente o fato de serem respostas a um *por quê?*, colocado por uma certa pessoa numa certa situação (p. 303).

Francis Wolff é intransigente quando afirma que nunca se pode pensar o que quer que seja fora do mundo, pois não há exterior, o mundo é totalizante (1999, p. 10). Todo pensamento é, de certa maneira, um "fato da consciência", pois à consciência se atribui a reflexividade. Então – continua Wolff –, não se pode esforçar por saber o que é a consciência sem "ter consciência" disso (p. 10). Pode-se pensar fora da consciência em tal situação? Ou fora da linguagem, que é, ao mesmo tempo, aquilo *pelo* que necessariamente se pensa e aquilo *em* que se pensa todas as coisas?

Wolff esclarece: por mais que se tente pensar fora da consciência, sempre se está nela. Pensar a consciência é pensar a si mesmo. Dessa maneira, pode-se pensar fora da consciência? Fora da linguagem? Fora da história? (p. 11-12). O autor inglês distingue, na filosofia, duas áreas de indagação: *O que é?*, relativa ao mundo das coisas; e o *Por quê?*, indicativo do mundo dos eventos. No primeiro caso, é querer, ao mesmo tempo, saber *tudo* sobre o que são as coisas e sobre o que elas são *realmente*. O que é procurar saber tudo sobre uma coisa? Wolff responde: é, antes de tudo, supor que ela é completamente determinada (p. 75).

Wolff afirma que filosofar é repetir o *o que é?* e passar ao limite. Querer saber o que a coisa é verdadeiramente, em seu próprio ser; é admitir que não se deve parar naquilo que parece ser a coisa, pois ela é única, singular, não sendo parecida com nenhuma outra coisa, é una, permanecendo sendo ela própria (p. 75). Ele adverte que mesmo quando o *o que é?* versa sobre algo diferente do que aquilo que se denomina correntemente de uma coisa ("o que é a virtude?", "o que é um número?", "o que é fazer o mal?", "o que é ser prudente?"), a questão põe *a priori* o seu objeto como uma "coisa" (p. 76).

No segundo caso, o *por quê?* e o mundo dos eventos, o autor de *Dizer o mundo* ressalta que, antes de tudo, é preciso eliminar o que grosseiramente se chama de relação de princípio a consequência. Para ele, a questão não depende da realidade de que se fala, mas da verdade do que se diz dela (p. 79). O *por quê?* determina, por si mesmo, uma *cadeia* infinitamente regressiva, com um único sentido, sem nunca atingir o fim (ou o começo). Todos os elos são dependentes de uma única cadeia, porque cada um depende daquele que o precede e mantém sob a sua dependência aquele que o segue. Essa cadeia não tem um primeiro elo, não tem princípio (nem fim) (p. 81).

Não se pode regredir ao infinito na série de demonstrações – sublinha Wolff –, deve haver algo indemonstrável, e esse algo seria, por exemplo, o princípio de contradição. A parada impossível da regressão é colocada como necessária. Mas onde parar? Quando é preciso parar? (p. 83). Para os epígonos do modelo cartesiano, por que não parar em Deus? Por quê? Porque é um ser independente de qualquer outro ser e apenas depende dele próprio. Então, o princípio é sem *por quê?* Ele é (p. 84). Há perguntas que não são mais respondidas pela filosofia contemporânea – defende Wolff –, uma vez que a *opinião*, a *ciência*, ou a *fé* aí estão para isso (p. 13).

Por seu turno, Simon Blackburn acredita que a filosofia é o pensamento humano tornado autoconsciente. Seus temas são a vida, o universo e todas as coisas; pode incluir todas as categorias de pensamento religioso, artístico, científico, matemático e lógico. E

45

continua dizendo que a filosofia, por sua natureza, habita áreas de ambiguidade e perplexidade, lugares onde – na expressão de Russel – só são encontrados fragmentos incertos de sentido. E prossegue: "As filosofias, como os movimentos do pensamento em geral, exigem longas formulações e resistem a definições ligeiras" (Blackburn, prefácio, p. VII).

Referências bibliográficas

BAGGINI, Julian. *Para que serve tudo isso?* Rio de Janeiro: Jorge Zahar, 2008.

BLACKBURN, Simon. *Dicionário Oxford de filosofia.* Rio de Janeiro: Jorge Zahar, 1997.

FERRARI, Armando; STELLA, Aldo. *A aurora do pensamento.* São Paulo: Editora 34, 2000.

HONDERICH, Ted (ed.). *The Oxford Companion to Philosophy.* Oxford: Oxford Univesity Press, 1995. Em espanhol: *Enciclopedia Oxford de filosofía.* Madrid: Tecnos, 2001.

MORA, José Ferrater. *Diccionario de filosofía.* Barcelona: Ariel, 1994. t. III.

PINKER, Steven. *Do que é feito o pensamento.* São Paulo: Companhia das Letras, 2008.

POPPER, Karl R.; ECCLES, John. *O cérebro e o pensamento.* Brasília/Campinas: Editora da UnB/Papirus, 1992.

WOLFF, Francis. *Dizer o mundo.* São Paulo: Discurso Editorial, 1999.

Idalgo José Sangalli[*]

Por que a ética?

Parece desnecessário e óbvio demais perguntar "Por que a ética?"[1] e, ao mesmo tempo, parece que a pergunta nos coloca diante de uma grande interrogação existencial, apontando diretamente para a nossa consciência. Mais do que o apelo religioso ou a pura exigência de definições, a questão provoca nossa consciência moral. Quando esta é forjada pelo suado trabalho da reflexão, sobretudo da reflexão filosófica do domínio do conceito, a atitude filosófica indica a saída através de uma sequência de outras questões que conduzem ao caminho da definição e da compreensão do próprio percurso realizado até a pergunta originária. Esta é uma das diferenças entre aquele que sabe e tem consciência deste saber e de seus limites nas dimensões teórico-práticas e daquele que simplesmente sabe vivencialmente na e pela experiência prática cotidiana, adquirida na mera condição do conviver entre humanos.

Aristóteles (384-322 a.C.), na sua obra *Ética a Nicômaco* (VI 13 1144b), identificava no último tipo aqueles que viviam na

---

[*] Graduação em Filosofia pela Universidade de Caxias do Sul. Mestrado e doutorado pela Pontifícia Universidade Católica do Rio Grande do Sul (PUC-RS). Professor de Filosofia da Universidade de Caxias do Sul.

[1] A primeira versão do presente texto foi apresentada no "Projeto Café e Debate: Conexão Razão-Fé-Vida", na Paulus Livraria – Caxias do Sul, sob a coordenação do Prof. Dr. Paulo César Nodari, no dia 12 de julho de 2008.

excelência moral natural, enquanto no primeiro tipo encontravam-se alguns poucos capazes de viver a vida na excelência moral em sentido estrito. Obviamente, ambas as classes de sujeitos são qualificadas como virtuosas, embora aqueles fossem reconhecidos socialmente como homens prudentes e virtuosos, pois sabiam deliberar bem e praticar adequadamente as virtudes intelectuais e morais, essenciais para o projeto educacional dos cidadãos na *Polis*. Atualmente, bons exemplos a serem seguidos em nosso contexto social parece algo difícil de encontrar.

Por outro lado, nem filosófica nem cientificamente é conveniente perguntar o porquê de algo simplesmente pressupondo que temos em comum, universalmente, a mesma pressuposição de base, até porque não estamos nos movendo aqui no domínio metafísico essencialista da ontologia tomasiana da concepção primeira de *ente* (*ens*) e de seus transcendentais (*Questiones disputatae de veritate*, q. 1, a.1). Se não sei "o que algo é" ou, mesmo sabendo, não sei o que os outros entendem por "tal é", então não é lógico perguntar "por que tal é?" sem antes esclarecê-lo minimamente, como ensina a tradição filosófica. Isso exige algumas distinções que precisamos fazer, à guisa de considerações introdutórias, daquilo que julgamos ser, e serão brevemente expostas adiante algumas das razões possíveis para responder à pergunta em causa.

Moral e ética

Existem muitas formas de definir "ética" e cada uma apresenta suas razões. Uma delas é o uso do termo "moral" como sinônimo de "ética". É algo muito habitual, principalmente na linguagem natural, mas é um uso equivocado, que mais confunde do que ajuda para a clareza e precisão conceitual. Também há uma diversidade de concepções morais com semelhanças e, às vezes, muitas diferenças. Embora a sinonímia no uso geral e que ambos os termos estejam intimamente relacionados, não são a mesma coisa. Toda escolha parece ser arbitrária, mas pretendemos explicar e justificar a necessidade de primar pelo uso dos dois termos – moral e ética –, cada qual no seu devido lugar. Contudo, embora não se possa descartar por completo o uso como sinônimos, neste caso é preciso que se esclareça de antemão o sentido e sobre a que cada termo se refere, sob pena de comprometer a explicação e a compreensão não só da ética e da moral, como também dos demais conceitos correlatos. Infelizmente, a grande maioria das pessoas e mesmo muitos professores e educadores não se preocupam em usar de uma linguagem mais clara e precisa para explicar aquilo que estão pressupondo em seus discursos.

É consensual entre os *experts* a necessidade de distinguir tais termos para além da etimologia grega e latina. Antes dos termos latinos "*mos, mores*", e daí "*moralis*", isto é, moral, a tradição grega legou a palavra "*êthos*", que, na opinião de Höffe (2008, p. 169), tem três significados: "o lugar costumeiro da vida, os costumes que são vividos nesse lugar e, finalmente, o modo de pensar e o modo de sentir, o caráter". Sem entrarmos nas particularidades de tradução, ambos os termos (grego e latino) referem-se ao conjunto de costumes tradicionais de uma determinada sociedade impregnados de valores e de obrigações relativos à conduta de seus membros. Mas denotam também certa disposição de caráter, de temperamento adequado, bom e verdadeiro, que julgamos conveniente para a convivência social em determinada comunidade. As convicções morais pessoais e até mesmo os tratados sistemáticos sobre as questões morais acabam fazendo com que estes dois termos, mais como substantivos do que como adjetivos, tenham uso comum. Cortina e Martinez (2005, p. 20) sustentam que os dois termos "confluem etimologicamente em um significado quase idêntico: *tudo aquilo que se refere ao modo de ser ou caráter* adquirido como resultado de pôr em prática alguns costumes ou hábitos considerados bons".

Para os menos exigentes, distinções simples e diretas, embora nem sempre claras para a compreensão da maioria dos leitores, podem ser encontradas nos dicionários de língua portuguesa. A ética aparece como "ciência da moral" ou, como sustenta Aurélio Buarque de Holanda Ferreira (*Novo dicionário Aurélio da língua portuguesa*) a ética é "estudo dos juízos de apreciação referentes à conduta humana suscetível de qualificação do ponto de vista do bem e do mal, seja relativamente a determinada sociedade, seja de modo absoluto". Já a moral seria um "conjunto de regras de conduta consideradas como válidas, quer de modo absoluto para qualquer tempo ou lugar, quer para grupo ou pessoa determinada". É clara a referência ao "estudo dos juízos" morais para a ética e ao "conjunto de regras de conduta" para a moral. Mas isso é pouco e convém avançar alguns passos.

Uma coisa é a decisão ou a realização de uma ação conforme os costumes da tradição familiar, da comunidade ou da religião. Aqui, nem sempre entra a reflexão, pois nesse caso predomina o habitual, o agir impensado e espontâneo, o de sempre, o agir conforme as regras, aquilo que é aceito socialmente como justo e bom por todos os envolvidos, ou melhor, por quase todos os envolvidos, já que sempre surge algum indivíduo que transgride tais normas de convivência e acaba excluído, punido pelos demais ou pela autoridade que representa o povo, independentemente de quais motivações estão em jogo. Aqui é bom lembrar do trágico itinerário de Antígona, brilhantemente apresentado na peça teatral grega de Sófocles. Cortina e Martinez (2005, p. 19) didaticamente esclarecem o sentido da moral como "esse conjunto de princípios, normas, preceitos e valores que regem a vida dos povos e dos indivíduos".

Outra coisa é a decisão ou ação sem base na tradição, nos costumes, nos valores e regras estabelecidas. Nesse caso, é necessário basear a decisão em uma séria reflexão. Se o caso em questão não encontra equivalente na tradição, nos costumes, então entra para valer aquilo que chamamos popularmente de "questão ética", isto é, deve partir para a reflexão antes de tomar a decisão que lhe pareça mais acertada. Por outro lado, mesmo quando há aporte na tradição e nos costumes, o agente moral pode assumir uma posição de reflexão crítica e pautar sua decisão e sua ação baseado apenas em argumentos racionais. No entanto, com ou sem exemplos fornecidos pela tradição, não dá para refletir de modo competente sem levar em conta a estrutura, os princípios, os valores e critérios daquilo que é considerado adequado, conveniente ou justo de um ponto de vista mais universal, mais teórico. A tradição filosófica consagrou chamar essa forma de reflexão de "ciência da conduta" e dela surgiram historicamente concepções ou correntes filosóficas diferentes, sem sair do âmbito da filosofia prática, conforme a classificação aristotélica dos saberes ainda hoje válida.

    A ética como filosofia moral pertence à filosofia, mais especificamente ao campo da filosofia prática, embora enquanto reflexão seja sempre teórica. A ética, como a parte da filosofia que se dedica à reflexão sobre a moral, é um tipo de saber humano construído racionalmente através do rigor conceitual e de métodos de análise e de explicação especificamente filosóficos. A reflexão sobre a moral não é uma reflexão qualquer. Pelo contrário, tenta desdobrar racionalmente os conceitos e seus argumentos na tentativa de compreender a dimensão moral do ser humano na busca do sentido do humano e da realização da liberdade, sem esquecer os fatores psicológicos, sociológicos, econômicos, religiosos, entre outros que condicionam a esfera da moralidade. Explicar o fenômeno da moral, a moral vivida diariamente, é condição para a justificação racional e a realização de uma moral pensada e almejada para toda a comunidade e, se possível, para toda a humanidade como ideal para a conquista da liberdade, da autonomia e da felicidade.

A ética ou filosofia moral não incide diretamente sobre o cotidiano das pessoas no seu modo de pensar e agir moral, embora esclareça e indiretamente forneça orientações morais para aqueles que buscam decisões e ações justificadas reflexiva e racionalmente para a sua vida (Cortina; Martinez, 2005, p. 10). O agir moral pressupõe uma atividade teorética: o saber moral. Saber moral que é fruto direto do senso moral e da consciência moral construídos de fatos, situações, sentimentos e valores vivenciados coletivamente e introjetados e pelo qual, sem sermos obrigados por outros, nos sentimos na obrigação (sentimento de obrigatoriedade, de dever) de decidir o que fazer ou de justificar para nós mesmos e para nosso próximo ou outros distantes as razões de nossas decisões, assumindo as consequências na pura condição de seres humanos racionais. A questão central do sujeito moral é "Como devo agir?", tendo em vista o bem comum sempre. Em última análise, esse saber moral, manifesto e expresso nos juízos morais, é que pondera e julga o agir humano no contexto do mundo vivido.

Por sua vez, o saber ético pressupõe uma atividade teorética mais profunda do que a atividade do saber moral e com o compromisso de ser um estudo que atenda aos critérios de cientificidade. Isso porque o saber ético, dotado de ferramentas conceituais e metodológicas, examina racionalmente o agir moral e o próprio saber moral, a partir da análise, explicação e interpretação da estrutura, elementos e princípios constitutivos da dimensão teórico-prática da moral. Esse saber ético se constitui e se efetiva pelo exame realizado na análise dos juízos morais, isto é, quando os juízos morais são analisados. Cortina e Martinez (2005, p. 30) classificam as diferentes maneiras de compreender a moral conforme o enfoque filosófico concebido e utilizado na história da filosofia como: a) uma dimensão do ser humano (a dimensão moral do homem greco-medieval); b) uma forma peculiar de consciência (a consciência moral como consciência do dever da Modernidade); e c) fenômeno que se manifesta num tipo específico de linguagem (expressões morais como "justo", "injusto", "mentira" etc.) decorrente da "virada linguística" da filosofia analítica contemporânea.

Poderíamos falar de um nível ainda mais profundo de reflexão: o saber metaético. Nesse nível de racionalidade se examina a estrutura e a cientificidade de teorias éticas, isto é, o saber metaético, que acontece quando a própria análise de juízos morais é analisada. Aqui entra particularmente a filosofia analítica, que concebe a filosofia moral como análise da linguagem moral e ordinária. Independente da filiação filosófica, essa tarefa é destinada a poucos, àqueles especializados e reconhecidos como filósofos ou professores de filosofia que se ocupam das questões e teorias éticas contemporâneas e daquelas teorias produzidas ao longo da história da filosofia.

Podemos exemplificar os dois primeiros níveis teóricos da seguinte forma: alunos de uma classe de Ensino Médio debatem e emitem opiniões sobre várias questões e pedem para que o professor de filosofia também elabore "juízos éticos" sobre questões morais causadoras de grande preocupação e dificuldades na vida atual, tais como: o problema da violência, o uso de drogas, a corrupção de políticos e de empresários, o sexo prematuro, o aborto e a Aids. Antes de emitir seus juízos, o professor alerta a classe de que é preciso fazer alguns esclarecimentos:

a) o que estão pedindo na verdade é por "juízos morais", como eles estavam fazendo no debate, e não por "juízos éticos";

b) juízos morais são opiniões razoavelmente refletidas na perspectiva do bem ou do mal, dos valores, das intenções, dos atos e das consequências que estão presentes em cada um dos problemas apontados;

c) todos os juízos morais dependem de qual das concepções morais vigentes é pressuposta e claramente assumida;

d) depois de expor qual a concepção de moral adotada como válida e adequada, então se pode judicar moralmente sobre todos os problemas, mas nesse caso está sendo cumprida a primeira condição para passar do saber moral ao saber ético;

e) por fim, que, mesmo um juízo ético sendo diferente de um juízo moral, este último pode ser elaborado corretamente também por não especialistas em filosofia moral, desde que usem certa habilidade de raciocínio e que conheçam minimamente os princípios básicos da doutrina moral que defendem como válida e tenham informações suficientes sobre as particularidades do fato ou assunto a ser analisado, caso contrário isso não passaria de opiniões altamente subjetivas.

Feitas essas ressalvas, então o professor pode facilmente emitir juízos morais de que a violência, as drogas, a corrupção, o sexo, o aborto, as doenças causam danos irreparáveis ao indivíduo, à família e à sociedade, por isso são um mal que deve ser evitado e combatido pela educação e pela força das instituições. Ou, ainda, pode continuar fazendo relações, distinções, e esclarecendo conceitos sobre fatos morais, isto é, introduzindo os alunos no discurso ético.

Mas há algo mais que o professor deve esclarecer aos seus alunos, principalmente se for um professor de filosofia atento e competente: Onde está o juízo ético? O juízo ético é aquilo que fez aceitar como válida e adequada a concepção moral assumida e esta, por sua vez, foi base de apoio para o juízo moral construído e manifesto. Então, um juízo ético corretamente elaborado e expressado é resultado de uma sólida construção conceitual e racional, baseada numa série de argumentações filosóficas que permite uma conclusão válida e verdadeira, isto é, mostre boas razões, bons argumentos para justificar a doutrina moral assumida. Isso não pode ser feito sem dominar algumas dezenas de conceitos, tais como liberdade, responsabilidade, dever, justiça, bem, dignidade etc.

Contudo, a despeito dessas observações, não convém desencorajar aqueles que cultivam o gosto da leitura e do pensar e são capazes de operar também em questões morais e éticas sem serem especialistas em ética ou filosofia moral, até porque desde Aristóteles sabemos que o fato de alguém ser um profundo conhecedor dos assuntos morais (ter saber ético e metaético) não faz dele necessariamente um virtuoso moral. Mas nunca é demais lembrar o conselho socrático de que uma vida humana sem reflexão não é uma vida que vale a pena ser vivida.

Algumas justificativas para a ética ou filosofia moral

Uma pequena observação sintático-semântica antes de apresentar algumas justificativas como resposta à questão inicial. Pelo visto anteriormente, em vez de perguntar "Por que a ética?" talvez fosse mais correto perguntar "Por que a moral?". Nesse caso, a pergunta deveria ser reformulada para claramente ressaltar o uso do termo "moral" como substantivo. Além do já exposto, certamente uma primeira resposta de um longo elenco de hipóteses seria o caráter passional constitutivo do ser humano e a necessidade de convivermos de modo justo e digno na realização de uma vida feliz. Por outro lado, mantendo o termo "ética" no sentido das considerações já feitas, pode indicar também, agora numa perspectiva mais acadêmica, uma disciplina da filosofia que trata do estudo da práxis humana, desde Aristóteles. Então, os argumentos para justificar a existência e a necessidade da ética vão exigir outros contornos conceituais e metodológicos que vão além dos esboçados até agora.

O criador do primeiro "tratado científico" sobre ética foi Aristóteles, especialmente em sua obra *Ética a Nicômaco*, cuja intenção foi mostrar que a felicidade consistia no compreender-se moralmente, isto é, uma filosofia moral formulada de modo indireto por sobre a questão da felicidade, em que a prática das virtudes particulares e sociais e o exercício contemplativo conduziam à boa formação do cidadão para a vida comunitária e, assim, à sua plena realização individual e social. Com estratégias metodológicas adequadas ao assunto, o objetivo da ética na perspectiva aristotélica era determinar qual o bem supremo para os homens (a felicidade) e qual a finalidade da vida humana (fruir esta felicidade do modo mais elevado – a contemplação). A finalidade da ética era o homem tornar-se moral pela prática das virtudes morais e intelectuais, especialmente a sabedoria prática ou prudência, sempre na e com a sua dimensão política. Mas outros tratados éticos surgiram ao longo da história da filosofia e, cada qual à sua maneira, como fez Aristóteles, desenvolveram concepções determinadas de ética mais ou menos ou totalmente desvinculadas da ciência política e apresentaram as suas justificativas racionais de validade.

Cortina e Martinez (2005, p. 21) destacam uma tripla função da ética: "*esclarecer* o que é a moral", "*fundamentar* a moralidade" e "*aplicar* aos diferentes âmbitos da vida social os resultados obtidos nas duas primeiras funções". Essas são funções que a nosso ver justificam a necessidade da ética enquanto estudo da moral na formação de nossos jovens. O objetivo de esclarecer princípios, valores, regras, conceitos morais e a estrutura linguística dos juízos morais é fundamental para a compreensão da práxis humana. A ação correta e justa deve ser consequência da compreensão e interpretação pelo caminho da teoria como suporte da decisão moral. Juízos normativos e ações morais bem fundamentadas em razões plausíveis são base de racionalidade, de aceitabilidade, que, quando aplicadas, por um lado, levam a superar as posições dogmáticas e, por outro, as relativistas ou céticas, permitindo o consenso e a convivência na diferença, além de conferir sentido à busca humana por uma vida boa e feliz.

Assim como em outras épocas, também hoje convivemos com as diversas formas de intolerância: religiosa, política, étnica, social. A nossa vida é construída de relações com os outros, relações de convivência, pois somos seres de relações pessoais, sociopolíticas etc., possibilitadas principalmente pela linguagem, pelo diálogo. A necessidade de tomar decisões pode ser determinada por fatores ou motivos diversos, tais como: cumprir uma ordem, seguir os costumes, ou por caprichos e desejos pessoais. No entanto, convém lembrar que nunca uma ação pode ser boa só por ser uma ordem, um costume ou um capricho pessoal. A condição humana de desejar, de querer, de ser livres e necessariamente assumir nossa liberdade faz com que procuremos adquirir um saber viver (arte de viver) que nos permita acertar nas nossas escolhas, decisões e ações. Saber refletir e analisar a partir de princípios, critérios e fundamentos, argumentando o que é melhor para si próprio e também para os outros é uma justificativa racional de fazer ética ou filosofia moral e poder superar, ou ao menos tolerar, as diferenças. Segundo Savater (1997, p. 73), "a ética não é mais do que a tentativa racional de averiguar como viver melhor".

Um motivo plausível para a atividade ética é o agente moral procurar compreender com racionalidade que somente age pela moral quando se sente intimamente obrigado a agir de tal modo e não pela coação por algum poder exterior ao sujeito e, ao mesmo tempo, escolher a equidade e a reciprocidade como princípios de seus juízos e ações. Por ser livre, o sujeito moral é quem decide agir por dever, isto é, age moralmente quem assim o quer, tornando-se, desse modo, responsável, não por determinação heterônoma, mas por um querer consciente e livre determinado unicamente por sua razão. É a boa vontade e a obrigatoriedade da norma formulada na ética kantiana. A autonomia, o esclarecimento e a maioridade da razão, na perspectiva kantiana, exigem o esforço reflexivo no bom uso da razão teórica e prática. Nunca é demais lembrar Lawrence Kohlberg, que sustentou que a maioria da população para nesse ponto e não ultrapassa o quarto estágio do desenvolvimento moral convencional, isto é, cumprir o que a autoridade determina (apud La Taille, 2006, p. 18).

Já foi indicada a importância de dominar e efetivar conceitos como liberdade, autonomia, responsabilidade, entre outros, para discutir ética e a constituição moral. Também não basta seguir, estrategicamente ou não, as normas e regras de conduta se não for por livre e voluntária adesão. Na diferenciação das determinações por natureza e das determinações culturais, percebemos facilmente como a constituição do mundo da moral e, consequentemente, a análise ética, estão subordinadas e dependem diretamente das nossas escolhas, decisões e ações, enquanto seres humanos em permanente autoconstrução. Ao ressaltar o âmbito da cultura, sustenta Kuiava (2006, p. 32) que a ética e a moral são pura potencialidade desenvolvida pela vontade livre na relação com os outros e que "a grandeza está na capacidade de autodeterminação a partir da liberdade e não a partir da ação condicionada naturalmente".

No entanto, destaca o outro lado humano, isto é, "a miséria está no fato do ser humano fazer escolhas equivocadas, na capacidade de se sobrepor a tudo e a todos. Ao invés de estar junto com os outros, coloca-se num patamar solitário, a partir do qual busca o benefício próprio, nutre a sua postura egoísta, provoca a injustiça social".

Podemos perguntar: a quem competiria identificar, distinguir, analisar, conceituar, compreender, classificar, definir, explicar o fenômeno do argumentar diante dos outros e para nós mesmos, com o intuito de persuadir, justificar ou criticar as ações, as atitudes, os juízos morais e mesmo nossas próprias crenças visando ao melhor para nossas vidas? Certamente, perceber e tematizar as "boas razões" usadas por nós e pelos outros para justificar os atos é tarefa para aqueles que se ocupam com um tipo de saber chamado "ético". Ocupar-se teoricamente para compreender as estratégias morais usadas pelas pessoas exige reflexão filosófica, domínio conceitual e conhecer as principais teorias éticas. No ato de agir e justificar uma ação são utilizadas diferentes argumentações, que podem ter como referência: um fato, os sentimentos, as possíveis consequências, um código de normas (profissional ou religioso), o argumento ou poder da autoridade e a própria consciência moral. Como seres dialogantes, somos capazes de argumentar e de fundamentar nossas crenças e ações, embora poucos saibam fazer isso com método adequado para superar a mera opinião sem fundamento ou a estreiteza de raciocínios técnico-cientificistas, consequentemente não possuindo competência para ensinar sobre tais assuntos vitais para a formação pessoal e profissional.

Vários são os motivos de muitas pessoas preferirem usar o termo "ética" e não o termo "moral". Atualmente, virou moda, pois se fala muito em ética e na verdade pensa-se muito em moral. Geralmente, afetadas por sentimentos morais que ativam a consciência moral, essas pessoas julgam que algo não vai bem nas relações sociais: que a desonestidade se banaliza, que a violência virou algo normal, que a honra já não é mais importante e que a desconfiança está instituída. Todo o problema parece residir em saber se a multiplicação de leis e normas vai resolver os problemas ou se não estamos caindo na chamada "ditadura da regra", que, numa análise mais atenta, indica que tudo isso é decorrência de uma falta de reflexão sobre os princípios de onde derivam as próprias leis e os problemas que visam a resolver. Parece evidente que muitos pensam que seguem a ética, mas inconscientemente solapam a liberdade e a autonomia por uma postura dogmática (religiosa ou não), relativista ou mesmo cética, ou, ainda, por não ter a mínima consciência dos pressupostos e valores que assumem nos seus discursos e ações.

Outra razão está no âmbito da educação, no momento da tipificação das possíveis habilidades e competências que o agente moral deveria possuir, tais como:

a) ter capacidade para deliberar, escolher entre as alternativas e decidir visando à ação boa e justa;
b) ser capaz de avaliar e pesar as motivações pessoais;
c) saber avaliar as exigências da situação e do contexto;
d) ser capaz de avaliar e prever as consequências para si e para os outros;
e) perceber a conformidade entre meios e fins;
f) avaliar com responsabilidade a obrigação de respeitar ou transgredir o estabelecido socialmente.

Em outras palavras, é preciso esforçar-se para saber refletir eticamente e ser capaz da construção livre e autônoma do humano, pois "a discussão, a problematização, a interpretação sobre o significado da vida regrada por princípios éticos impede a naturalização das normas" (Kuiava, 2006, p. 36).

Se a filosofia prática, com seu ramo ético, tem alguma utilidade e exige certas competências, então não podemos deixar de pontuar algumas questões próprias, tais como: Que vida eu quero viver?

Que significa viver uma "vida boa"? Quais critérios ou princípios fundamentam a ação moral? Que relação existe entre conceitos como liberdade, responsabilidade e justiça? Qual a diferença entre uma proposição do tipo "aquela árvore tem folhas que contêm uma substância venenosa" e uma proposição como "aquela rua deve ser sinalizada"? Por exemplo: perceber e entender a diferença que há entre proposições descritivas, produzidas pela ciência, e proposições prescritivas ou normativas, produzidas pelo saber moral (diariamente proferimos afirmações deste tipo), não é tarefa de quem opera no simplório terreno da opinião do conhecimento de senso comum ou popular.

Pelo natural fato de ter ou estar num corpo ou ser corpo não significa que qualquer pessoa possa exercer atividades de enfermeiro ou ensinar anatomia. Da mesma forma, por falar o idioma português não significa que se tenha competência para ensinar gramática portuguesa. O fato de alguém ser uma pessoa tranquila, de bom caráter, de fácil convivência, ser da cultura da paz, cumpridora de seus deveres morais, cívicos e religiosos, seria condição suficiente para ensinar conteúdos do saber moral e do saber ético? Por que com o ensino da ética seria diferente dessas outras áreas de conhecimento? O saber moral, ou, mais pontualmente, o querer decidir e agir voluntariamente para o bem e evitar o mal, podem ser ensinados? Será que a religião é suficiente para nos ensinar a agir bem e compreender racionalmente o nosso agir? Se for mera questão de legislação profissional, por que a profissão de filósofo, ou melhor, professor de filosofia moral não foi ainda regulamentada? Nada disso! Muitos acreditam que em condições normais todos os seres humanos sabem o que é bom e o que é mau, o que é virtuoso e o que é vicioso, o que devem fazer e o que não devem fazer. Muitos pensam ser bons administradores ou gestores de sua própria vida, particularmente no que se refere às escolhas e decisões na ação moral, e isso lhes parece suficiente, e como tal pretendem ensinar aos outros como devem agir moral ou eticamente.

Afinal, depois de mais de dois mil e trezentos anos, por que a ética?

Referências bibliográficas

ARISTÓTELES. *Ética a Nicômaco*. Trad. Mário da Gama Kury. 2. ed. Brasília: Ed. UnB, 1992.

CORTINA, A.; MARTINEZ, E. *Ética*. Trad. Silvana Cobucci Leite. São Paulo: Loyola, 2005.

HÖFFE, Otfried. *Aristóteles*. Trad. Roberto Hofmeister Pich. Porto Alegre: Artmed, 2008.

KUIAVA, Evaldo Antonio. Ética e filosofia política. In: KUIAVA, Evaldo Antonio; WAISMANN, Moisés. *Aspectos filosóficos e econômicos*. Caxias do Sul: UCS/NEAD, 2006.

LA TAILLE, Yves de. *Moral e ética;* dimensões intelectuais e afetivas. Porto Alegre: Artmed, 2006.

SAVATER, Fernando. *Ética para meu filho*. São Paulo: Martins Fontes, 1997.

TOMÁS DE AQUINO. *Quaestiones diputatae de veritate*. Roma: Edição Leonina, 1970.

Fernando Sidnei Fantinel*

Por que a virtude?[1]

Uma das questões mais relevantes no que concerne ao comportamento humano em sua inter-relação com o mundo, indubitavelmente, é a tentativa de elucidar o que seja virtude[2] (*aretê*). As virtudes humanas determinam toda a exegese que constitui os embasamentos éticos nos mais diversos momentos da história. As virtudes, na mesma medida em que determinam o momento histórico, são também por ele determinadas. As funções operativas entre ambas (virtudes e história) se dão simultaneamente.

---

[*] Mestrado em Filosofia pela Pontifícia Universidade Católica do Rio Grande do Sul. Professor de Filosofia da Universidade de Caxias do Sul.

[1] A primeira versão do presente texto foi apresentada no "Projeto Café e Debate: Conexão Razão-Fé-Vida", na Paulus Livraria – Caxias do Sul, sob a coordenação do Prof. Dr. Paulo César Nodari, no dia 14 de junho de 2008.

[2] A palavra virtude será utilizada unicamente com o intuito de respeitar a tradução para a língua portuguesa da obra *Ética a Nicômaco* (*E.N.*) nas edições utilizadas na presente investigação, pois é sabido que muitos comentadores e historiadores da filosofia antiga preferem a palavra "excelência" por entenderem ser a que melhor se aproxima do significado grego da palavra *aretê*. "Para o grego, *aretê* não é, basicamente, valor 'moral', ligado à noção de dever. A *aretê*, se não é a própria *eudaimonia*, é, no mínimo, a condição indispensável da vida *eudaimônica*, que poderíamos talvez entender, mais do que como a 'vida feliz' (com nossas próprias conotações de 'felicidade'), como a vida 'plenamente realizada'. A *aretê* é, assim, sempre sumamente desejável, algo que seria impensável para um grego afirmar que não deseja ou que não está buscando, embora as qualidades associadas a essa condição da vida plena e realizada variem conforme a época, e que seja absolutamente claro, conforme vai mostrar Sócrates, 'o que é isso afinal'" (Platão, 2001, p. 113, notas).

Em Homero, não obstante encontremos evidências de virtudes relacionadas à sabedoria prática (*phrónesis*) e à sapiência (*sophía*), a *aretê* esta diretamente relacionada com a força física, a coragem, a habilidade no manuseio das armas, isto é, engendrada por uma postura bélica. Portanto, é na batalha que se revela o homem virtuoso, razão pela qual a virtude está vinculada a Ares, deus da guerra, com todos os seus atributos. A *aretê* grega é o *virtus* romano, e por isso está relacionada com a virilidade (*vir*, *virtus*, significam, literalmente, viril, macho). A Antiguidade clássica entendia a virtude, notadamente, como uma excelência masculina.

Na *Ilíada*, Aquiles, herói grego, é alertado por sua mãe, Tétis, deusa das águas, sobre as possíveis consequências de sua participação na guerra de Troia. Ao ser informado pela deusa de que poderia ter uma vida longa, no entanto sem glória, ou morrer lutando ao lado dos gregos e ser lembrado por sua bravura até o final dos tempos, não hesita em sua deliberação. No entanto, ao se decidir pela participação na guerra contra os troianos, ele não o faz por bravura, muito menos por vaidade. Por ser herói, já possui coragem e bravura. A escolha de Aquiles é uma opção pela virtude.

Por outro lado, quando Sócrates opta pela morte, recusando-se a fugir, não obstante ser inocente dos crimes que lhe eram imputados, também o faz por ser virtuoso. No entanto, as virtudes que movem Sócrates não são mais conquistadas na guerra com o outro, mas na luta consigo mesmo. Os piores inimigos não se encontram mais no campo de batalha, mas dentro de nós. O senhor e o escravo passam a ser determinados não mais pela condição social ou convenção, mas unicamente pela sublimação dos instintos, efetuada pela razão. A maior virtude, portanto, passa a ser o conhecimento de si mesmo. A Atenas de Sócrates não é mais a de Aquiles. Os tempos mudaram. O herói mudou. A tradição bélica começa a ser substituída pela cultura das artes, da filosofia e tudo o mais que envolve o ser humano na sua relação com a *polis*. Como bem sintetiza Reale,

> [...] estamos aqui diante de uma nova concepção de herói. O herói, tradicionalmente, era aquele que era capaz de vencer todos os inimigos, os perigos, as adversidades e o cansaço externos. Já o novo herói é aquele que sabe vencer os inimigos interiores, que se lhe aninham na alma (Reale; Antiseri, 2004, p. 97).

Não obstante as virtudes sofram, ao mesmo tempo que provocam, uma espécie de transmutação de valores e o conceito de herói tenha mudado, percebe-se que, nos exemplos acima descritos, existe algo que é comum a ambos: a *aretê* sempre busca o que é bom e perfeito. Por isso os gregos percebem virtudes em toda a atividade que é adequada ou aperfeiçoa algo. No entanto, o problema reside em dois aspectos: saber quais virtudes tornam bom e perfeito o homem e se existe uma virtude unificadora responsável pela unidade de todas as demais.

Aristóteles, ao sistematizar a ética, tem como foco principal exatamente essas duas questões. Ele parte da constatação de que o bem é aquilo a que todas as coisas tendem. Sendo a felicidade o maior de todos os bens, Aristóteles inicia e conclui sua investigação falando sobre essa virtude maior. Do mesmo modo, dá a entender que a *phrónesis* é a virtude responsável pelo bom direcionamento das ações em busca dos bens identificados pela ética. Assim, o caminho que trilharemos aqui terá como preocupação primeira verificar esses bens, bem como a virtude que norteia as ações que os promovem.

O próprio Aristóteles indica esse caminho afirmando que devemos iniciar pela explicitação da natureza das virtudes. "Já que a felicidade é uma atividade da alma conforme a virtude perfeita, devemos considerar a natureza da virtude: pois talvez possamos compreender melhor, por esse meio, a natureza da felicidade" (*Ética a Nicômaco* [*E.N.*]., I, 13, 1102 a 5-7).

Adverte-nos de que a virtude que devemos estudar é a virtude humana, e logo em seguida define o que seja essa virtude. "Por virtude humana entendemos não a do corpo, mas a da alma; e também à felicidade chamamos uma atividade da alma" (*E.N.*, I, 13 1102 a 16-18).

A alma, no entanto, é dotada de duas partes: uma racional e outra privada de razão. Essa última inclui os desejos e as sensações, enquanto a primeira acolhe as funções práticas, as quais, por sua vez, são igualmente constituídas por dois princípios. O primeiro princípio é responsável pela contemplação do ser imutável, enquanto o segundo tem como função primordial a ação.

O presente texto considerará os dois princípios, ainda que uma maior preocupação recaia sobre o princípio responsável pelo agir humano. Isso se deve ao fato de que é nesse âmbito que transita a *phrónesis*. Trata-se, portanto, de evidenciar que a função prática só é passível de ser realizada quando nos referimos ao mutável, posto que o imutável não pode ser diferente. De fato, ninguém delibera sobre o impraticável ou sobre aquilo que não pode ser diferente, isto é, sobre o impossível ou o necessário.

Aristóteles, ao fazer essas distinções, introduz os conceitos de ético e dianoético, ou moral e intelectual, respectivamente. Essa distinção torna-se condição necessária para entender o pensamento ético do Estagirita. Assim,

> a virtude se divide em espécies de acordo com esta diferença, porquanto dizemos que algumas virtudes são intelectuais e outras morais; entre as primeiras temos a sabedoria filosófica, a compreensão, a sabedoria prática; e entre as segundas, por exemplo, a liberalidade e a temperança (*E.N.*, I, 13, 1103 a, 3-8).

Por essa razão, trataremos de evidenciar essas virtudes – éticas e dianoéticas – com os elementos que as constituem, bem como as suas relações com a *phrónesis*.

As virtudes éticas

Ao constatar que a virtude se divide em duas modalidades, Aristóteles trata de demonstrar o caráter que as constitui. Quanto à primeira (moral ou ética), é adquirida pelo hábito. É resultado da repetição exaustiva de hábitos nobilitantes. Ou, ainda,

> virtudes morais são posturas permanentemente ativas que controlam e formam os afetos, posturas firmadas em costumes de atuação. [...] Elas são o produto do acostumar-se e do esforço ativo. [...] Desenvolvemos as virtudes por meio de exercício e repetição (Kersting, 2002, p. 123).

É por esse motivo que nenhuma virtude moral surge em nós por natureza. De fato, nada existe na natureza que possa formar um hábito contrário a ela. Assim, por exemplo, não podemos exigir de uma pedra que ela se mova montanha acima, tampouco fazer com que o fogo seja conduzido morro abaixo (cf. *E.N.*, II, 1, 1103 a, 20-24). Fica evidente que a geração das virtudes no homem não se dá por natureza, muito menos indo de encontro a ela. De tal modo que "não é, pois, por natureza, nem contrariando a natureza, que as virtudes se geram em nós. Diga-se, antes, que somos adaptados por natureza a recebê-las e nos tornamos perfeitos pelo hábito" (*E.N.*, II, 1, 1103 a, 23-26).

Aristóteles recorre à teoria de ato e potência para exemplificar essa questão. Segundo ele, tudo o que nos é dado pela natureza principia pela potência e somente em um segundo momento se atualiza. Por tal razão, não passamos a enxergar, ouvir, sentir aromas e gostos pela frequência com que utilizamos esses sentidos, mas unicamente porque já os possuíamos.

Com as virtudes, no entanto, ocorre exatamente o contrário. Tal qual as artes, não as adquirimos por natureza, mas pelo aprendizado. Ninguém nasce arquiteto ou músico, pois o primeiro se faz pela execução de boas construções, enquanto o segundo, tocando um instrumento musical. Partindo desse pressuposto, Aristóteles conclui que, "da mesma forma, tornamo-nos justos praticando atos justos, e assim com a temperança, a bravura etc." (*E.N.*, II, 1, 1103 a, 34-b 3).

No entanto, os hábitos também nos são incutidos. Essa possibilidade é que tornaria o habitante da *polis* um bom cidadão.[3] Assim, o legislador, por exemplo, teria como incumbência principal incutir bons hábitos naqueles que habitam a *polis*. Ao receber uma informação qualquer, cumpre à razão prática fornecer os juízos, enquanto a virtude ética transforma esses juízos em uma ordem. A virtude ética, como disposição de caráter, se manifesta somente enquanto o homem desejar de modo correto atingir o bem (cf. Düring, 1976, p. 521).

Esse modo correto está relacionado ao meio-termo (*mesótes*) e à forma como identificamos esse equilíbrio. Assim sendo, cumpre

---

[3] O substantivo cidadão é utilizado com o intuito de tentar aproximar ao máximo à ideia hodierna de um indivíduo que vivia em uma cidade-Estado. No entanto, sabe-se que o correto deveria ser *politikon*. Na verdade, o conceito de *politikon* está demasiadamente distante do conceito de cidadão, do mesmo modo que o conceito de *polis* distancia-se muito do de cidade. No entanto, no presente texto, do modo como está posto, tenta facilitar a compreensão do que se pretende afirmar.

identificar que meio-termo é esse e o que o constitui, bem como sua relação com as virtudes.

As virtudes morais incidem na *mesótes*, ou, ainda, no justo meio entre dois extremos. Encontrar um critério que determine esse equilíbrio é ponto crucial no pensamento aristotélico. Aristóteles reconhece a dificuldade em se estabelecer uma medida exata entre excessos quando nos referimos a assuntos que se relacionem com a moral. Essa dificuldade reside no fato de que critérios quantitativos são relativos, uma vez que uns necessitam mais, outros menos, em relação ao que quer que seja. Portanto,

> até que ponto um homem pode desviar-se sem merecer censura? Isso não é fácil de determinar pelo raciocínio, como tudo que seja percebido pelos sentidos; tais coisas dependem de circunstâncias particulares, e quem decide é a percepção. Fica bem claro, pois, que em todas as coisas o meio-termo é digno de ser louvado, mas que às vezes devemos inclinar-nos para o excesso e outras vezes para a deficiência. Efetivamente, essa é a maneira mais fácil de atingir o meio-termo e o que é certo (*E.N.*, II, 9, 1109 b, 20-26).

Assim, a verificação do meio-termo parece ser resultado da constatação que cada indivíduo faz, dependendo das circunstâncias em que se encontra. Trata-se de adotar um comportamento correto em relação aos sentimentos imediatos, de acordo com um padrão de medida. Padrão esse determinado pela *phrónesis* (cf. Tugendhat, 2000, p. 269).

Poderíamos dizer que a justa medida, quando aplicada no âmbito moral, não está contida de forma aritmética em um objeto qualquer, mas que é relativa àquele que se relaciona com esse objeto. A definição aristotélica é clara:

> [...] por meio-termo no objeto entendo aquilo que é equidistante de ambos os extremos, e que é um só para todos os homens; e por meio-termo relativamente a nós, o que não é nem demasiado nem demasiadamente pouco – e este não é um só e o mesmo para todos (*E.N.*, II, 6, 1106 a, 28-32).

O Estagirita exemplifica essa distinção afirmando que, no primeiro caso (meio-termo no objeto), a justa medida entre dez e dois é seis. Nesse caso, a mediania é determinada por uma proporção aritmética. Tanto o que excede quanto o que é excedido possui igual quantidade. Já no segundo (meio-termo relativamente a nós), não podemos considerá-lo do mesmo modo, uma vez que a mediania não mais se encontra no objeto, mas no sujeito da ação. Portanto,

> o meio-termo relativamente a nós não deve ser considerado assim: se dez libras é demais para uma determinada pessoa comer e duas libras é demasiadamente pouco, não se segue daí que o treinador prescreverá seis libras; porque isso também é, talvez, demasiado para a pessoa que deve comê-lo, ou demasiadamente pouco – demasiadamente pouco para Milo e demasiado para o atleta principiante. O mesmo se aplica à corrida e à luta. Assim, um mestre em qualquer arte evita o excesso e a falta, buscando o meio-termo e escolhendo-o – o meio-termo não no objeto, mas relativamente a nós (*E.N.*, II, 6, 1106 a, 36-1106 b, 7).

Ao que parece, a preocupação maior incide sobre a capacidade, por parte de um agente qualquer, de determinar, da melhor forma possível, a justa medida entre dois extremos. Em última análise, é o indivíduo que possui sabedoria prática (*phrónimos*), que, dotado da capacidade de bem deliberar, pode sinalizar o meio-termo moral. Somente ele pode deliberar em conformidade com a *phrónesis* e agir moralmente de forma justa (cf. Zingano, 1996, p. 16s.).

Ser virtuoso no sentido do *phrónimos* equivale a ter ciência do que é necessário diante de uma situação particular, e agir de acordo com tal conhecimento. Desse modo, a *phrónesis* passa a considerar casos concretos sempre de acordo com o resultado de considerações reflexivas e do modo como as concebe (cf. García González, 2000, p. 79). É necessário ter em mente que "a *phrónesis* também está ligada ao caráter virtuoso e este à *phrónesis*, já que os princípios de tal sabedoria concordam com as virtudes morais e a retidão moral concorda com ela" (*E.N.*, X, 8, 1178 a, 16-19).

Parece não existir dúvidas de que essa espécie de sabedoria é a responsável principal pela identificação do meio-termo moral. Ela é que determina o excesso, ou a falta de algo, de acordo com cada situação particular. Assim, o que em um determinado momento pode ser excessivo em outro poderá não sê-lo. Do mesmo modo, sentimentos e emoções podem ser nobilitantes ou indesejáveis, dependendo da circunstância em que o agente se encontra. Aristóteles ilustra essa situação afirmando que, por exemplo, tanto o medo como a confiança, o apetite, a ira, a compaixão, e em geral o prazer e a dor, podem ser sentidos em excesso ou em grau insuficiente; e, num caso como no outro, isso é um mal. Mas senti-los na ocasião apropriada, com referência aos objetos apropriados, para com as pessoas apropriadas, pelo motivo e da maneira conveniente, nisso consistem o meio-termo e a excelência característicos da virtude (*E.N.*, II, 6, 1106 b).

Ora, do modo como Aristóteles descreve os sentimentos do agente parece estar definindo o próprio *phrónimos*. Essa interpretação parece ganhar sustentação quando, ao definir virtude e mediania, o próprio Aristóteles estabelece uma relação direta entre o meio-termo e o *phrónimos*. Ele afirma que

> a virtude é, pois, uma disposição de caráter relacionada com a escolha e consiste numa mediania, isto é, a mediania relativa a nós, a qual é determinada por um princípio racional próprio do homem dotado de sabedoria prática [*phrónimos*]. E é um meio-termo entre dois vícios, um por excesso e outro por falta; pois que, enquanto os vícios ou vão muito longe ou ficam aquém do que é conveniente no tocante às ações e paixões, a virtude encontra e escolhe o meio-termo (*E.N.*, II, 6, 1106 b, 36-1107 a, 6).

Encontrar o meio-termo não consiste em tarefa fácil. Assim, ser bom não é para qualquer um, posto que em todas as coisas é difícil encontrar a justa medida. Encontrar o meio de um círculo só é possível para aqueles que sabem fazê-lo. Poucos são os bons, uma vez que poucos são aqueles dotados de sabedoria prática (cf. *E.N.*, II, 9, 1109 a, 24-25).

Entretanto, a *phrónesis* também desempenha o papel de meio-termo entre as virtudes éticas e as dianoéticas. García González afirma que a *phrónesis* em Aristóteles é uma virtude intermediária ou mediadora, que conjuga as virtudes dianoéticas com as éticas. Constitui-se em virtude ética porque envolve ação e conduta humanas, valendo-se de juízos práticos do agir e atinge as virtudes dianoéticas (cf. García González, 2000, p. 78). Para essa autora, a *phrónesis* não é uma virtude intelectual "pura". Ela se constitui no próprio meio-termo entre a moral e o intelecto.

A *phrónesis* determina de forma concreta a conduta moral a partir das circunstâncias particulares e das lições postas pela experiência moral. Enquanto virtude intelectual, torna-se imperativa para a perfeita constituição das virtudes morais. Sem a *phrónesis* as virtudes morais não existiriam (cf. García González, 2000, p. 82). Cabe a ela, enquanto responsável pelo conhecimento prático, ditar as regras a serem seguidas, levando-se em consideração todas as circunstâncias envolvidas em uma situação qualquer. Segue-se daí que

> a *phrónesis* esteja no meio das duas virtudes, constituindo-se em uma "ponte", já que não é uma virtude puramente intelectual, senão que envolve uma dimensão volitiva e implica um certo grau de "compromisso", [...] em um momento específico e com uma circunstância singular (García González, 2000, p. 82).

As virtudes dianoéticas

Tendo analisado as virtudes éticas, Aristóteles passa a analisar, no Livro VI da *Ética a Nicômaco*, as virtudes intelectuais, as quais são resultantes do ensino e por isso exigem experiência. Experiência se faz com o tempo, portanto somente os velhos a possuem. Ocupar o tempo com acúmulo de experiência exige disposição. Consequentemente, apenas aqueles dotados de *phrónesis* adquirem essas experiências, porquanto somente eles possuem tal disposição.

Aristóteles analisa, a partir do Livro II da *Ética a Nicômaco*, as virtudes morais. Identifica no meio-termo, conforme visto, a única possibilidade de determinação do que seja virtude. Essa determinação é dada pelos ditames da "reta razão". Assim, verificar a natureza desses ditames passa a ser a preocupação aristotélica no Livro VI da *Ética a Nicômaco*.

Ao contrário das virtudes éticas, quando nos referimos às virtudes intelectuais, onde reside a *phrónesis*, o processo pelo qual esta se dá resulta aparentemente problemático. Essa constatação se deve ao fato de que o agir de modo judicioso, sensato etc., denota um indivíduo dotado de *phrónesis*. No entanto, é justamente por ser dotado dessa capacidade que "supostamente" esse indivíduo age desta ou daquela forma (cf. *E.N.*, VI, 5, 1140 a, 24-25). De fato, se percebemos um homem justo pelas ações que pratica, como praticá-las não sendo previamente dotado da virtude da justiça?

Paradoxalmente, somente aqueles que são bons poderão ser dotados dessa sabedoria. "Donde está claro que não é possível possuir sabedoria prática quem não seja bom" (*E.N.*,VI, 13, 1144 a, 36-37). Desse modo, o raciocínio aristotélico enfrenta uma aparente circularidade.

Para Kersting, Aristóteles percebe essa "circularidade" e propõe a solução. "Pois uma ação não é justa ou prudente quando mostra certas qualidades independentes do autor, mas porque foi realizada por um justo ou prudente" (Kersting, 2002, p. 123). Essa solução é um "exemplar exercer-se", porquanto temos de agir com justiça para nos tornarmos justos. Esse exercício deve ter início na juventude, sempre utilizando como exemplo um indivíduo já virtuoso (cf. Kersting, 2002, p. 123). É como se num primeiro momento tivéssemos de nos espelhar em alguém virtuoso e, por "imitação", começássemos a praticar as primeiras ações.

Desse modo, as ações só são admitidas como justas e moderadas quando se assemelham àquelas que um homem justo e moderado praticaria. No entanto, não pode ser considerado justo ou moderado o homem que as pratica, mas somente aquele que as pratica do mesmo modo que fazem os justos e moderados.

Nossos atos e ações resultantes da relação que estabelecemos com os outros é que nos tornam justos ou injustos. Enquanto uns se tornam intemperantes e irascíveis, outros, ao contrário, se tornam temperantes e calmos, em igualdade de condições. Também as diferenças de caráter são verificadas a partir da qualidade dos atos que praticamos. Por isso se torna necessário iniciar a prática de ações nobilitantes desde a mais tenra idade (cf. *E.N.*, II, 1, 1103 b, 15-25). Daí a importância de transmitirmos valores o mais cedo possível às crianças. É necessário mostrar que uma vida só é digna de ser vivida quando cultivamos determinadas virtudes, tais como: amizade, solidariedade, compreensão, respeito, gratidão, justiça e, sobretudo, amor. Não há outro modo, se realmente desejamos, de construirmos um mundo melhor.

Para Aristóteles, tanto as crianças quanto os "brutos" possuem disposições naturais para determinadas qualidades. Essas qualidades podem ser boas ou más, dependendo – e aqui parece estar parte da solução – de serem ou não acompanhadas da razão. A razão, portanto, é resultado do convívio humano, e esta, por sua vez, é que tratará de bem direcionar nossas ações. Assim como um corpo robusto que, privado da visão, pode cair em um precipício (cf. *E.N.*, VI, 13, 1144 b, 8-12).

Para Zingano, esse processo se dá por etapas, e essa "circularidade" não resulta tão evidente. Para esse autor, num primeiro momento desse processo repetitivo adquire-se uma "tendência" para agir desta ou daquela maneira. Essa tendência pertence a um estado provisório. Somente a partir do momento em que o agente passa a fazer a opção correta, de forma racional, é que se poderia falar em disposição prática (cf. Zingano, 1996, p. 82).

A análise das virtudes dianoéticas não consiste em tarefa fácil. Ao mesmo tempo que Aristóteles faz nítida distinção entre ético e dianoético, ao menos do ponto de vista conceitual, essa nitidez não permanece tão cristalina quando pensamos na aplicabilidade dessas ideias. A *phrónesis*, por exemplo, apontada como virtude intelectual, em determinados momentos, como vimos, parece pertencer ao âmbito da moralidade. Ela também é um fim desejável.

No entanto, a intenção de Aristóteles é assegurar que ambas estejam harmonicamente envolvidas, visto que uma não se dá sem a outra, são interdependentes. Enquanto os fins são postos pela ética, os meios para atingi-los são proporcionados pelo intelecto. Segundo Philippe, o processo e o desencadeamento ordenado do procedimento ético só pode existir na medida em que implicar formal e essencialmente a *phrónesis*. De forma mais contundente, adverte que as virtudes éticas não bastam a si mesmas. Elas sempre exigem a virtude da *phrónesis*, que ao mesmo tempo parece fazer parte tanto das virtudes intelectuais quanto das éticas (cf. Philippe, 2002, p. 60).

Conforme já explicitado, a *phrónesis* esta relacionada com o saber prático, enquanto a *sophía* esta associada à sabedoria filosófica. Na ordem "hierárquica" das virtudes, a *sophía* é superior à *phrónesis*. "É, pois, evidente que a *sophía* deve ser, de todas as formas de conhecimento, a mais perfeita" (*E.N.*, VI, 8, 1141 a 16-17). Por isso o homem sábio não é conhecedor apenas daquilo que tem origem nos primeiros princípios (razão intuitiva), mas, sobretudo, conhece a verdade que os envolve. Por essa razão, a *sophía* deve ser resultado da combinação de dois princípios motores: razão intuitiva e conhecimento científico (cf. *E.N.*, VI, 7, 1141 a, 17-20). No entanto, a *sophía* não é qualquer ciência. Ela é a ciência do mais honorável e divino, por isso deve conduzir todas as demais ciências, porquanto todas essas estão subordinadas a ela (cf. Tomás de Aquino, 2001, p. 365).

Enquanto a *phrónesis* tem como preocupação primeira os bens humanos, a *sophía* se ocupa com a ciência. A primeira se preocupa com o mutável, enquanto a segunda com o que não pode ser diferente (necessário). Em última análise, uma é prática e a outra, teórica. Assim, cumpre ao homem a tarefa de bem conduzir suas ações. Essas ações, por sua vez, só serão retas se resultarem de escolhas justas, a partir de uma deliberação livre. Nesse sentido, constatamos que não nos é dada a possibilidade de escolher o que não pode ser mudado. Não existe a possibilidade de deliberação quando estão envolvidas as realidades eternas; tampouco em relação às realidades que se encontram previamente determinadas. Não nos é dada a possibilidade de mudar o imutável.

Não podemos deliberar sobre o tempo, posto que seu movimento independe de nosso empenho. Tampouco deliberamos sobre os fenômenos físicos. Torna-se tarefa inútil deliberarmos sobre os movimentos da natureza, já que eles ocorrerão independentemente de nossa vontade. Não podemos decidir quando será primavera ou verão, quando choverá ou fará sol.

A deliberação, portanto, está diretamente relacionada com a capacidade de escolha. "É a mesma coisa aquela sobre que deliberamos e a que escolhemos, salvo estar o objeto de escolha já determinado, já que aquilo por que nos decidimos em resultado da deliberação é o objeto de escolha" (*E.N.*, III, 3, 1113 a 2-5).

Para Aristóteles, a *sophía* é a mais exata das ciências. Ela possibilita àquele que a possui não apenas conhecer os primeiros princípios, tarefa da *phrónesis*, mas possuir a verdade acerca desses princípios. É o resultado da combinação entre razão intuitiva e conhecimento científico (cf. *E.N.*, VI, 7, 1141 a, 18-20). Essa combinação passa a ser condição última na interação do homem com a realidade que o cerca. Assim, somente aquele que possui as duas sabedorias percebe de forma clara o que é, ou não, importante nessa interação.

> Por isso dizemos que Anaxágoras, Tales e os homens semelhantes a eles possuem sabedoria filosófica [*sophía*], mas não prática [*phrónesis*], quando os vemos ignorar o que lhes é vantajoso; e também dizemos que eles conhecem coisas notáveis, admiráveis, difíceis e divinas, mas improfícuas. Isso porque não são os bens humanos que eles procuram (*E.N.*, VI, 7, 1141 b, 3-8).

Percebe-se, desse modo, que Aristóteles vincula a *sophía* com as coisas divinas, enquanto a *phrónesis* versa sobre o que é humano. Ela visa ao que é melhor para o homem dentre as coisas que podem ser alcançadas pela ação (cf. *E.N.*, VI, 7, 1141 b, 12-14). Conforme dito anteriormente, a *sophía* está posta em um nível superior em relação à *phrónesis* porque, enquanto esta trata das questões humanas passíveis de deliberação, aquela se ocupa com o que é divino e imutável. Constitui-se na própria perfeição, a partir dos mais elevados objetos que a compõem (cf. García González, 2000, p. 79). Ou melhor: "[...] dos mais elevados objetos, dizemos nós, porque seria estranho se a arte política ou a *phrónesis* fosse o melhor dos conhecimentos, uma vez que o homem não é a melhor coisa do mundo" (*E.N.*, VI, 7, 1141 a, 20-22).

Aristóteles parece querer colocar o homem no seu devido lugar. Em sendo a *sophía* uma virtude divina e a *phrónesis* uma virtude humana, é natural imaginar que o divino se sobreponha ao humano. A *phrónesis* e a *sophía* são virtudes que se complementam e constituem o homem feliz. Por essa razão, é necessário possuir as duas. No entanto, na falta de uma delas deveríamos preferir a *phrónesis*. Ao menos quando nos referimos ao que é bom para o homem, o raciocínio prático parece produzir resultados mais imediatos e necessários.

> É por isso que alguns que não sabem, e especialmente os que possuem experiência, são mais práticos do que outros que sabem; porque, se um homem soubesse que as carnes leves são digestíveis e saudáveis, mas ignorasse que espécies de carnes são leves, esse homem não seria capaz de produzir a saúde; poderia, pelo contrário, produzi-la o que sabe ser saudável a carne de galinha. Ora, a sabedoria prática diz respeito à ação. Portanto, deveríamos possuir ambas as espécies de sabedoria, ou a segunda de preferência à primeira (*E.N.*, VI, 7, 1141 b 16-22).

A *phrónesis* esta relacionada ao agir, pura e simplesmente, possibilitando a solução de problemas morais. O *phrónimos* não é um cientista que busca a solução de problemas através de regras intrincadas. Tampouco se coloca como mero espectador diante dos fatos. Ele busca a aplicação, na vida prática, de conhecimentos igualmente práticos. De nada adianta sabermos o que é bom se não possuirmos a capacidade de alcançá-lo.

Assim, a *phrónesis* não se restringe a um intelectualismo moral que busca reduzir a virtude a um conhecimento científico, tampouco busca reduzi-la a um empirismo, pragmatismo ou algo semelhante. Ela apenas conserva a ideia de um pensamento, uma inteligência, uma razão, um conhecimento, enfim, que são por si só práticos (cf. Chateau, 1997, p. 192). Permite que saibamos encontrar e valorizar a vida virtuosa.

As virtudes são responsáveis pelo comportamento "adequado" em relação aos sentimentos imediatos e aos afetos, segundo o padrão de medida estabelecido para esse "adequado". Muitas vezes agimos com medo ou confiança, ira ou compaixão, sentimentos que acometem com facilidade os seres humanos, e de modo geral são considerados como um mal. Entretanto, sentir essas emoções no momento apropriado, por motivos justos, em relação às pessoas certas, é algo que somente poucos possuem (cf. *E.N.*, II, 6, 1106 b, 17-20). De modo geral, confundimos as coisas. Andamos pelas vias tortuosas do vício, julgando mas não querendo ser julgados.

Somente uma vida pautada pela virtude nos torna seres humanos melhores. Seguindo uma vida virtuosa, reconhecemos nossa ignorância diante do mundo e de nós mesmos. Damos o primeiro passo para sublimar nosso orgulho vão, condição primeira para viver de modo que nossa alma possa repousar serena e eternamente. A virtude imprime nossos primeiros hábitos. Faz com que nos percebamos responsáveis por nós mesmos e pelos outros. Ela nos torna éticos.

A ética, baseada em virtudes, é uma investigação a propósito dos bens humanos, e o bem consiste em fazer aquilo que é bom para o homem. É uma questão de ordem prática. Vivemos, no entanto, em um mundo onde as virtudes éticas são negligenciadas, e em seu nome são cometidas as mais diversas atrocidades.

Talvez o mundo tenha evoluído, tecnologicamente, nos últimos vinte anos, mais do que em toda a sua história até então. O mesmo não se pode dizer acerca das virtudes éticas. Como diz Sêneca, "[...] a virtude simples e transparente de outrora metamorfoseou-se numa ciência obscura e feita de sutilezas que nos ensina a discutir, mas não a viver" (1991, p. 506).

Aristóteles preocupava-se com a felicidade humana. Os dez livros que compõem a *Ética a Nicômaco* são, na verdade, uma ode à felicidade, que consiste em viver uma vida plena de virtudes.

Referências bibliográficas

ARISTÓTELES. *Ética a Nicômaco*. São Paulo: Nova Cultural, 1987. (Coleção Os Pensadores.)
_____. *Ética a Nicômaco*. Brasília: Ed. UnB, 1985.
CHATEAU, Jean-Yves (org.). *La vérité pratique;* Aristote, *Éthique a Nicomaque*, Livre VI. Paris: J. Vrin, 1997.

DÜRING, Ingemar. *Aristotele*. Edizione italiana aggiornata. Milano: Mursia, 1976.

GARCÍA GONZÁLEZ, Dora Elvira. La phrónesis y el juicio reflexionante em relación con el equilibrio reflexivo (I). *Analogía Filosófica*, México, D.F., n. 1, p. 65-101, enero-junio 2000.

HOMERO. *Ilíada*. Trad. Odorico Mendes. São Paulo: Editora Brasileira, 1952.

KERSTING, Wolfgang. A ética nicomaqueia. *Philósophos*, Goiânia: Sociedade Philósophos, v. 7, n. 1, p. 115-137, 2002.

PHILIPPE, Marie-Dominique. *Introdução à filosofia de Aristóteles*. São Paulo: Paulus, 2002.

PLATÃO. *Mênon*. Notas de John Burnet, tradução de Maura Iglesias. Rio de Janeiro/São Paulo: Ed. PUC-Rio/Loyola, 2001.

REALE, Giovanni; ANTISERI, Dario. *História da filosofia;* filosofia pagã antiga. São Paulo: Paulus, 2004. v. 1.

SÊNECA, Lúcio Aneu. *Cartas a Lucílio*. Lisboa: Calouste Gulbenkian, 1991.

TOMÁS DE AQUINO. *Comentario a la "Ética a Nicómaco" de Aristóteles*. Pamplona: EUNSA, 2001.

TUGENDHAT, Ernst. *Lições sobre ética*. Petrópolis: Vozes, 2000.

ZINGANO, Marco. Particularismo e universalismo na ética aristotélica. *Analytica*, Rio de Janeiro, v. I, n. 3, p. 85-100, 1996.

Fernando Sidnei Fantinel[*] e Rafael Bento Pereira[**]

Por que a amizade?[1]

No contexto histórico em que estamos submersos, evidencia-se a banalização da vida, dos valores e das relações, que se tornam cada vez mais impessoais. Diante das mudanças estruturais na forma de ver o mundo, com suas crises e avanços, as relações humanas são diretamente afetadas. Assim, perder o sentido da amizade é um risco para a sobrevivência humana quando se acredita que o homem é um ser em construção, ser de relações, que se efetua na mediatização com o outro.

Percebe-se também que a amizade, como tema filosófico, desgastou-se ao longo do tempo, comprometendo a substancial atenção que, inegavelmente, poderia ocupar nos mais destacados textos e reflexões filosóficas. Não obstante se verifique inegáveis indícios de que essa situação começa a mudar, ainda há poucos estudos abrangentes sobre o sentido da amizade no mundo clássico e muito a ser feito no que se refere à amizade cristã.

---

[*] Mestrado em Filosofia pela Pontifícia Universidade Católica do Rio Grande do Sul. Professor de Filosofia da Universidade de Caxias do Sul.
[**] Bacharel em Filosofia pela Universidade de Caxias do Sul.
[1] O presente texto foi escrito a "quatro mãos", tendo como base o trabalho monográfico apresentado por Rafael Bento Pereira, requisito parcial e último para a obtenção do título de bacharel em Filosofia pela Universidade de Caxias do Sul, sob a orientação do professor Fernando Sidnei Fantinel.

Nesse contexto é que, inevitavelmente, surgem questões acerca da amizade. Por que a amizade? Por que em um determinado período histórico foi dada a ela tão importante primazia entre as relações? Por que a amizade era considerada uma das maiores virtudes que o homem grego poderia alcançar? Quais eram os elementos essenciais para evidenciá-la como autêntica e não como uma relação apenas em busca de prazer ou interesses? Em sua obra *Ética à Nicômaco* (*E.N.*), que é considerada, por muitos autores, a sua principal obra ética, Aristóteles dedica dois livros à reflexão sobre o tema da amizade, demonstrando, assim, a real pertinência do tema para o mundo antigo.

A constituição das virtudes em Aristóteles

Sendo a amizade, segundo Aristóteles, uma virtude ética, torna-se importante perceber como ele concebe o conceito de virtude. Virtude, em grego, diz-se *areté* – não obstante muitos comentadores prefiram a palavra "excelência", como Lear, por exemplo –, e, em latim, *virtus*, de onde deriva a palavra virtude. Mais especificamente, *areté* significa cumprir de forma mais perfeita possível a função que a natureza atribui a um ser. *Virtus*, por sua vez, quer dizer aptidão, capacidade, potencialidade, vigor. A virtude humana consiste, portanto, na melhor realização daquilo que é específico do homem e que constitui o seu melhor.

Segundo Lear, as virtudes são estados da alma que permitem a uma pessoa uma decisão correta acerca de como atuar segundo as circunstâncias e as motivações que a levam a agir assim. São também esses estados estáveis da alma que consideramos constituintes do caráter de um indivíduo (cf. Lear, 1988, p. 190).

> Não basta, contudo, definir a virtude como uma disposição de caráter; cumpre dizer que espécie de disposição ela é. Observemos, pois, que toda virtude ou excelência não só coloca em boa condição a coisa que é de excelência como também faz com o que a função dessa coisa seja bem desempenhada. Por exemplo, a excelência do olho torna bons tanto o olho como a sua função, pois é graças à excelência do olho que vemos bem. Analogamente, a excelência de um cavalo tanto o torna bom em si mesmo como bom na corrida, em carregar o seu cavaleiro e em aguardar firme o ataque do inimigo. Portanto, se isso vale para todos os casos, a virtude do homem será a disposição de caráter que o torna bom e que o faz desempenhar bem a sua função (*E.N.*, II, 1, 1103 a, 23-26).

Aristóteles introduz os conceitos de *ético* e *dianoético*, ou moral e intelectual, respectivamente. Essa distinção torna-se condição necessária para entender o pensamento ético e político do Estagirita. Assim,

> a virtude se divide em espécies de acordo com esta diferença, porquanto dizemos que algumas virtudes são intelectuais e outras, morais; entre as primeiras temos a sabedoria filosófica, a compreensão, a sabedoria prática; e entre as segundas, por exemplo, a liberalidade e a temperança (*E.N.*, I, 13, 1103 a, 3-8).

Ao constatar que a virtude se divide em duas áreas, Aristóteles trata de evidenciar a natureza que as constitui. Quanto à primeira, moral ou ética, é adquirida pelo hábito. É resultado da repetição exaustiva de hábitos nobilitantes. Ou, ainda,

> virtudes morais são posturas permanentemente ativas que controlam e formam os afetos, posturas firmadas em costumes de atuação. [...] Elas são o produto do acostumar-se e do esforço ativo. [...] Desenvolvemos as virtudes por meio de exercício e repetição (Kersting, 2002, p. 115-137).

Assim, fica claro que nenhuma virtude moral surge em nós por natureza. De tal modo que "não é, pois, por natureza, nem contrariando a natureza que as virtudes se geram em nós. Diga-se, antes, que somos adaptados por natureza a recebê-las e nos tornamos perfeitos pelo hábito" (*E.N.*, II, 1, 1103 a, 23-26).

As virtudes morais incidem na *mesotes*, ou, ainda, no justo meio entre dois extremos. Aristóteles define a virtude em relação ao meio-termo da seguinte maneira:

> Por meio-termo no objeto entendo aquilo que é equidistante de ambos os extremos, e que é um só e o mesmo para todos os homens; e por meio-termo relativamente a nós, o que não é nem demasiado nem demasiadamente pouco (*E.N.*, II, 6, 1106 a, 26-35).

Ao afirmar que o meio-termo é referente a nós e não no sentido matemático ou medíocre, deseja-se dizer que cada pessoa tem o seu "jeito de ser". Com isso, fica evidente que é difícil precisar com exatidão o meio-termo que deve ser buscado, pois as ações humanas são passíveis de mudanças, segundo as mais variadas circunstâncias (cf. Pegoraro, 2006, p. 51). O meio-termo deve ser uma medida moral, isto é, justa e boa, pois a virtude é, em última análise, fazer o que é conveniente (cf. Sangalli, 1998, p. 73).

O próprio Aristóteles reconhece a dificuldade em se estabelecer uma medida exata entre os excessos, quando nos referimos aos assuntos que se relacionam com a moral. Essa preocupação é percebida na indagação aristotélica:

> Mas até que ponto um homem pode desviar-se sem merecer censura? Isso não é fácil de determinar pelo raciocínio, como tudo que seja percebido pelos sentidos; tais coisas dependem de circunstâncias particulares, e quem decide é a percepção. Fica bem claro, pois, que em todas as coisas o meio-termo é digno de ser louvado, mas que às vezes devemos inclinar-nos para o excesso e outras vezes para a deficiência. Efetivamente, essa é a maneira mais fácil de atingir o meio-termo e o que é certo (*E.N.*, II, 9, 1109 b, 21-26).

Deve-se, porém, tomar cuidado para não fazer do meio-termo uma simples mediocridade: toda virtude é uma excelência, uma linha demarcatória entre os dois precipícios do excesso e da falta, uma perfeição (cf. Stirn, 2006, p. 53).

Na *Ética a Eudemo*, Aristóteles fornece um elenco de virtudes e vícios. A coragem é o ponto médio entre a temeridade e a covardia. A justiça, entre o ganho e a perda. A veracidade é o ponto médio entre a pretensão e o autodesprezo. A amabilidade, entre a hostilidade e a adulação.² Sobre a amizade se diz que o seu excesso é a condescendência e o vício, o tédio.

Phrónesis e sophia

O conceito de *phrónesis* é um dos conceitos mais originais da ética aristotélica. A respeito desse conceito, Aristóteles escreve o seguinte:

> Ora, julga-se que é de cunho característico de um homem dotado de *phrónesis* aquele capaz de deliberar bem sobre o que é bom e conveniente para ele, não sob um aspecto particular, como, por exemplo, sobre as espécies de coisas que contribuem para a saúde e o vigor, mas sobre aqueles que contribuem para a vida boa em geral. Prudente é, também, o homem, sob um aspecto particular, que sabe calcular bem em vista de uma finalidade boa que não se inclui entre aquelas que são objeto de alguma arte. Segue-se daí que, num sentido geral, também o homem que é capaz de deliberar é prudente [...]. A *phrónesis* não é ciência nem arte. Não é ciência porque o objeto do agir pode ser diferente do que ele é; não é uma arte porque agir e fabricar são diferentes ao gênero. A *phrónesis* é uma disposição verdadeira e racionada de agir com respeito às coisas que são boas ou más para o homem (*E.N.*, VI, 2, 1139 b, 26-35).

Ser virtuoso no sentido do prudente equivale a ter ciência do que é necessário em uma situação particular e agir de acordo com tal conhecimento. Desse modo, a *phrónesis* passa a considerar casos concretos sempre de acordo com o resultado de considerações

---

[2] Ver *Ética a Eudemo*, II, 3 e *Ética a Nicômaco* II, 7.

reflexivas e do modo como as concebe (Garcia, 2000, p. 79). É necessário ter em mente que "a sabedoria prática também está ligada ao caráter virtuoso e este à sabedoria prática, já que os princípios de tal sabedoria concordam com as virtudes morais e a retidão moral concorda com ela" (*E.N.*, X, 8, 1178 a, 16-19).

A *phrónesis* também desempenharia o papel de meio-termo entre as virtudes éticas e as demais virtudes dianoéticas. Assim, ao menos, parece interpretar Garcia quando afirma que a *phrónesis* em Aristóteles é uma virtude intermediária ou mediadora, que conjuga as virtudes dianoéticas com as éticas. Constitui-se em virtude ética porque envolve ação e conduta humanas, valendo-se de juízos práticos do agir e atingindo as virtudes dianoéticas (cf. Garcia, 2000, p. 78). Para essa autora, a *phrónesis* não é uma virtude intelectual "pura". Ela se constitui no próprio meio-termo entre a moral e o intelecto:

> [...] que a *phrónesis* esteja no meio das duas virtudes, constituindo-se em uma "ponte", já que não é uma virtude puramente intelectual, senão que envolve uma dimensão volitiva e implica um certo grau de "compromisso", [...] em um momento específico e com uma circunstância singular (Cf. Garcia, 2000, p. 78).

Segundo Aubenque, Aristóteles concebe uma cisão no interior da razão entre teoria e prática, ou entre *sophia* e *phrónesis*, ou, ainda, entre a contemplação e a ação. No entanto, para deixar claro que essa cisão não significa que a *sophia* não seja uma maneira de agir e que a *phrónesis* não seja uma maneira de saber, o filósofo introduz o conceito de virtudes intelectuais. Aristóteles quer, simplesmente, exprimir que essas virtudes concernem menos ao caráter e mais ao pensamento geral. Não é, pois, pela diferença entre a *sophia* e a inteligência que passa à cisão essencial da alma racional, mas pelo pensamento do contingente e pelo pensamento do necessário (Aubenque, 2003, p. 234).

A *phrónesis*, por exemplo, apontada como virtude intelectual, em determinados momentos, parece pertencer ao âmbito da moralidade. Ela também é um fim desejável. No entanto, a pretensão de Aristóteles é assegurar que ambas estejam harmonicamente envolvidas, visto que uma não se dá sem a outra, são interdependentes. Enquanto os fins são postos pela ética, os meios para atingi-los se dão pelo intelecto.

Para Philippe, o processo e o desencadeamento ordenado do procedimento ético só podem existir na medida em que implicar formal e essencialmente a *phrónesis*. De forma mais contundente, adverte que as virtudes éticas não bastam a si mesmas. Elas sempre exigem a virtude da *phrónesis*, que ao mesmo tempo parece fazer parte tanto das virtudes intelectuais quanto éticas (cf. Philippe, 2002. p. 60).

É preciso salientar que a *phrónesis*, sabedoria prática, e a sabedoria teórica não se contrapõem. Apresentar a *phrónesis* em oposição à *sophia*, dizendo que esta é especulativa, que reina, mas não governa imediatamente a ação humana, espécie de sabedoria prática oposta à *sophia*, seria não entender e não caracterizar verdadeiramente o pensamento aristotélico (cf. Aubenque, 2003, p. 230).

O Estagirita parece querer colocar o homem no seu devido lugar. Sendo a *sophia* uma virtude divina e a *phrónesis* uma virtude humana, é natural imaginar que o divino se sobreponha ao humano. A *sophia* é uma virtude mais elevada que a *phrónesis*, pois enquanto essa última se refere ao homem, e, por conseguinte, a tudo o que existe de mutável nele, a primeira considera unicamente o que está acima do homem, mais próximo do divino (cf. Reale, 1994, p. 107). Na verdade, ele está querendo contestar a opinião dos sofistas, que pretendiam fazer da ética e da política uma espécie de sabedoria suprema (Philippe, 2002, p. 66).

A *phrónesis* e a *sophia* são virtudes que se complementam e constituem o homem feliz. Por essa razão, é necessário possuir as duas espécies de sabedoria. No entanto, na falta de uma delas, deveríamos preferir a *phrónesis*. Ao menos, quando nos referimos ao que é bom para o homem, o raciocínio prático parece produzir resultados mais imediatos e necessários.

Assim, a teoria da *phrónesis*, para Aristóteles, não se restringe a um intelectualismo moral que busca reduzir a virtude a um conhecimento científico, tampouco busca reduzi-la a um empirismo, pragmatismo ou algo semelhante. Ela apenas conserva a ideia de um pensamento, uma inteligência, uma razão, um conhecimento, enfim, que são por si só práticos (cf. Chateau, 1997, p. 192).

A deliberação, assim como o reto juízo e a inteligência, não apenas constituem, são as principais partes integrantes da *phrónesis* (cf. Tomás de Aquino, 2001, p. 354-386). A deliberação identifica o homem dotado, ou não, de sabedoria prática. Aubenque afirma que o homem que possui essa virtude é o único com capacidade de bem deliberar. Para esse autor, a deliberação, no sentido pretendido por Aristóteles, não apenas é uma disposição virtuosa, mas nomeadamente se constitui no principal elemento que define o homem dotado de saber prático (cf. Aubenque, 2003, p. 106).

Por outro lado, a inteligência é que permite versar sobre as coisas que podem tornar-se assunto de dúvidas e deliberações. À capacidade de julgar bem as possibilidades postas pela inteligência, no entanto, Aristóteles chama de discernimento ou reto juízo. Essas três virtudes andam sempre juntas e se complementam:

> Ora, todas as disposições que temos considerado convergem, como era de esperar, para o mesmo ponto, pois, quando falamos de discernimento, de inteligência, de sabedoria prática e de razão intuitiva, atribuímos às mesmas pessoas a posse do discernimento, o terem alcançado a idade da razão, e o serem dotadas de inteligência e sabedoria prática (*E.N.*, VI, 11, 1143 a, 25-28).

Evidentemente, Aristóteles, ao fazer essas reflexões, tem em mira um bem maior. Essas ponderações têm como desígnio principal identificar, no domínio da existência humana, a validade de suas constatações. Do ponto de vista comportamental, a aplicabilidade ou não dessas teorias é que, em última análise, move o pensamento ético de Aristóteles. É no âmbito das concepções morais que a deliberação resulta mais importante. De fato, Aristóteles enfatiza que nos episódios de suma importância solicitamos ajuda de outras pessoas por não termos confiança suficiente em nossa capacidade de decidir (cf. *E.N.*, III, 3, 1112 b, 10-13). Essa incerteza que nos toma na hora da decisão incide igualmente nas deliberações triviais. Todas as deliberações são, para Aristóteles, passíveis de resultados singulares e indefinidos. "Delibera-se a respeito das coisas que comumente acontecem de certo modo, mas cujo resultado é obscuro, e daquelas em que este é indeterminado" (*E.N.*, III, 3, 1112 b, 8-9).

A escolha e o desejo

A escolha de certa forma é um fim da deliberação, pois deliberamos com vistas à escolha. A deliberação se conclui e culmina na escolha. A escolha designa a escolha deliberada dos meios para alcançar um fim (cf. Aubenque, 2003, p. 119). Essa constatação é elemento-chave na investigação aristotélica. Aristóteles evidencia, já no primeiro parágrafo da *Ética a Nicômaco*, que toda escolha tem em mira um bem qualquer.

A questão da escolha exige a conceituação de dois termos importantes, trata-se da distinção estabelecida por Aristóteles entre o *voluntário* e o *involuntário*. Por *voluntário* Aristóteles entende todas aquelas ações que dependem da nossa vontade. De modo oposto, o *involuntário* se caracteriza por aquilo que, de certa maneira, independe de nossa vontade. É consequência de algo forçado ou compulsório. Entretanto, alguns atos podem ser "mistos". Essas ações são assim consideradas quando alguém comete algo com intuito de evitar um mal maior.

Para Zingano, de uma ação segue-se necessariamente a possibilidade da não ação. Para que possamos fazê-la, temos de ser dotados da faculdade de não fazê-la. De tal modo, ainda que não se escolha, escolhe-se não escolher (cf. Zingano, 1996 B, p. 83).

Por fim, um outro conceito-chave é o desejo. Aristóteles inicia a *Ética a Nicômaco* afirmando que o bem é aquilo a que todas as coisas tendem. Portanto, toda investigação, assim como toda ação e toda escolha, têm em mira um bem qualquer (cf. *E.N.*, I, 1, 1094 a, 1-3). Logo após, Aristóteles afirma que esse bem só será atingido se houver um desejo que nos conduza ao fim almejado. "Se, pois, para as coisas que fazemos existe um fim que desejamos por ele mesmo e tudo o mais é desejado no interesse desse fim; [...], evidentemente tal fim será o bem, ou antes, o sumo bem" (*E.N.*, I, 2, 1094 a, 18-23).

O desejo é o responsável pelo início do processo de escolha e da consequente deliberação. Vergnières percebe o desejo como uma faculdade: "É a faculdade motora: ela é aquilo pelo que me ponho efetivamente em movimento, para fugir ou perseguir alguma coisa que minha faculdade de desejar reconheceu como desejável ou não" (1998, p. 121-122).

A escolha que fazemos, o modo como desejamos, bem como o objeto desse desejo, são indicadores importantes da natureza da alma humana. As ações que caracterizam a vida prática resultam em boas ou más, dependendo da natureza da pessoa que as opera. Assim, poderíamos afirmar que os homens são resultado de suas obras. As ações que um homem elege, desde que livremente eleitas, constituem-no na pessoa que é (cf. Mauri, 1992, p. 30).

A amizade como ciência prática

O tema da amizade abordado por Aristóteles insere-se na área do conhecimento das ciências práticas, constituídas pela ética e pela política. O fim dessas ciências, segundo Pichler, é buscar o saber em função de uma conduta moral apropriada para o indivíduo, enquanto sujeito moral e membro da comunidade política, da *polis* grega. O objeto de investigação da "filosofia das coisas humanas" são os "fatos da vida", ou seja, o *ethos* local, o costume, o comportamento moral historicamente dado pela tradição helênica (cf. Pichler, 2004, p. 194).

Tal conduta ética atualiza-se no homem agindo de acordo com as virtudes (*areté*), e, de modo equilibrado, via mediania (*mesotes*), em busca do bem supremo (*a eudamonia*), conforme a finalidade (*télos*) da natureza humana, sempre orientada pela sabedoria prática (*phrónesis*). As ciências práticas analisam a realidade contingente, mutável, do devir moral e são hierarquicamente inferiores às ciências teoréticas.[3]

A ética e a política visam à preparação do indivíduo para o agir moral em busca da perfeição, baseado na prática das virtudes (temperança, coragem, liberalidade, justiça, prudência) e na vida boa na *polis*, como partícipe das decisões políticas da *cidade*.

A abordagem mais extensa de *philía* pode ser encontrada nos escritos de Aristóteles, especialmente em dois dos seus tratados sobre a ética, *Ética a Nicômaco* e *Ética a Eudemo*. Em *Magna Moralia*, por sua vez, uma coleção de notas provavelmente reunidas após a morte de Aristóteles, também se pode encontrar referências. Aqui, elegeu-se a obra *Ética a Nicômaco*, por ser ela a obra ética mais importante de Aristóteles e uma das que mais fortemente inspirou o pensamento ocidental.

Outra razão é a importância do tema na obra. Dos dez livros que a obra contém, dois, os maiores – livros oitavo e nono –, são dedicados ao problema da amizade, demonstrando, assim, mais uma vez, o quanto a temática da amizade é pertinente.

---

[3] "Estas são formadas pela metafísica, física e matemática. Estas têm como objeto de estudo os primeiros princípios e as causas últimas do ser, isto é, a realidade universal. O fim destas ciências é a busca do saber em função de si mesmo, em função do ser. Busca-se o saber pelo saber. O terceiro grupo, na distinção do conhecimento de Aristóteles, são as ciências poiéticas ou produtivas, formadas pela poética e pela retórica. O fim destas é o saber em função do fazer, ou seja, produzir objetos, instrumentos, como um discurso numa assembleia ou uma representação teatral, com regras e conhecimentos técnicos" (Pichler, 2004, p. 204).

Marilena Chauí, acerca do lugar que a amizade ocupa na ética aristotélica, afirma:

> O lugar ocupado pela amizade na exposição aristotélica é muito sugestivo: situa-se nos Livros VIII e IX da *Ética a Nicômaco*, após a análise de um vício (a falta de domínio sobre si mesmo, a *akrasia*, ou incontinência) e antes da análise do prazer ou da fruição (*hedoné*). Por que este lugar? Porque *akrasia* e *philía* dizem respeito ao prazer, mas de modos contrários. A primeira busca o seu próprio prazer; a segunda, dar prazer a outrem (Chauí, 2002, p. 460).

Segundo Giovanni Reale, três seriam as razões de Aristóteles ao dedicar esses capítulos à amizade. Primeiramente, a *philía* é estruturalmente intrínseca à virtude e à felicidade. Portanto, um dos problemas centrais da ética. Em segundo lugar, Sócrates e Platão já haviam analisado filosoficamente tal tema. Em terceiro lugar, a sociedade grega dava à amizade uma importância mais significativa, diferente das sociedades modernas (cf. Reale, 1994, p. 422).

O conceito de amizade

Ao analisar a natureza da amizade, Aristóteles afirma que a *philía* é "uma virtude ou implica virtude, sendo, além disso, sumamente necessária à vida" (*E.N.*, VIII, 1, 1155 a, 1-3). Assim, "a amizade tem o caráter de um hábito: ela é a expressão de uma determinada atitude moral e intelectual que visa ao amor recíproco entre amigos, baseado numa decisão livre da vontade, em que cada um deseja o bem para o outro" (Ortega, 2002, p. 37). A amizade também ajuda os jovens a encontrarem mais sentido à existência e a se afastarem dos vícios. E, aos mais velhos, ajuda-os a ocuparem melhor o seu tempo. Ela também parece manter unidos os Estados. A sociedade, na época de Aristóteles, se organizava da seguinte forma: homens livres eram os "cidadãos", enquanto mulheres, crianças e escravos não possuíam os mesmos direitos. As decisões políticas, portanto, eram tomadas pelos homens sábios que se reuniam na *Ágora*. As amizades se firmavam nos encontros desses homens virtuosos.

Outro motivo para considerar a amizade uma virtude e a mais alta virtude ética é exposto por Chauí, trazendo a ideia de autarquia:

> De fato, a ética visa educar o desejo e nos ensinar o valor da autonomia. O prudente é aquele que não depende das coisas e dos outros para agir, mas que encontra dentro de si os meios da ação sobre as coisas, sobre os outros e com os outros. O ideal de autonomia é o ideal da autarquia, isto é, da independência e autossuficiência. Ora, diz Aristóteles, somente o Primeiro Motor Imóvel é autárquico, somente o deus é pleno e totalmente autossuficiente e independente e por isso só ele é plenamente feliz ou bem-aventurado. Os homens não podem ter essa plenitude, mas podem desejá-la e podem imitá-la, isto é, emulá-la e simulá-la. Como os homens imitam a autarquia divina? Pela amizade. Com efeito, juntos, os amigos formam uma unidade mais completa e mais perfeita do que os indivíduos isolados e, pela ajuda recíproca e desinteressada, fazem com que cada um seja mais independente do que se estivesse só. A amizade é nossa parte no divino, a maneira como a ação humana imita a autarquia divina e faz a *polis* imitar a autarquia do *kósmos* (Chauí, 2002, p. 462).

Em decorrência dessa ideia, a mais genuína forma de justiça é um tipo de amizade. Visto que a justiça é definida por Aristóteles como uma disposição da alma para fazer o que é justo, agir de forma justa e também desejar o justo (cf. *E.N.*, V, 1, 1129 a, 5-8). A amizade, assim, parece possuir os mesmos fins, ou seja, a conservação e crescimento das virtudes. Contudo, considera-se a amizade superior à justiça, pois a justiça é utilizada para contornar atos em relação a outros que não se conhece, ou se mantém alguma relação mais íntima.

Com os amigos a justiça se faz desnecessária, pois a natureza da amizade se faz completa como autêntica forma de justiça. Enquanto virtude, na esfera moral, a justiça é constituída pelo exercício individual para buscar o meio-termo e a esfera do direito, onde passa a significar a justa distribuição, possibilitando a todos o direito de igualdade.

> E quando os homens são amigos não necessitam de justiça, ao passo que os justos necessitam também da amizade; e considera-se que a mais genuína forma de justiça é uma espécie de amizade (*E.N.*, VIII, 1, 1155 a, 25-27).

Assim, a amizade não é apenas necessária, mas também se torna nobre, dando a ideia de que os homens que amam seus amigos e desejam tê-los são, sobretudo, bons. Assim, para a amizade ser verdadeira, requer-se desejo e intimidade, mas sempre orientada pela razão, que fornece aos desejos o equilíbrio necessário.

Aristóteles afirma, ainda, que as coisas são amáveis não por uma qualidade apenas, mas por serem elas boas, agradáveis ou úteis, já que uma coisa é útil se for um meio para o que é bom ou agradável.

Em uma rápida análise, o Estagirita define "ter amizade" como "querer para alguém o que se pensa de bom" ou "o que ele pensa ser bom". E esse desejo é "tendo em vista o amigo e não a si próprio" (*E.N.* VIII 2, 1155 b, 20-25). A partir disso, Giannotti traça três características apresentadas na obra aristotélica:

> Há, pois, na *philía* três traços característicos que são plenamente sublinhados na *Ética a Nicômaco*. Primeiramente, requer benevolência (*eunoia*), querer bem o outro e, ao mesmo tempo, querer o bem para o outro. Em seguida, esse relacionamento deve ser recíproco [...] uma amizade não seria louvável se a benevolência não fosse recíproca. Finalmente, mesmo se o bem desejado é apenas aparente, ambos os parceiros devem ter claro este bem querer (Giannotti, 1996, p. 168).

Portanto, quando o desejo não é recíproco, chama-se benevolência. Quando, ao contrário, a benevolência se torna recíproca e conhecida por ambos, surge a amizade.

As três espécies de amizade

Sir David Ross, filósofo escocês, justifica as espécies de amizade de Aristóteles como ilustração da natureza essencialmente social do homem e classifica-as em três planos: no plano inferior, os homens possuem necessidade de amizades úteis, porque não são autossuficientes. No plano intermediário, estabelecem-se amizades por prazer, visando atualizar o prazer natural decorrente do convívio com os amigos. No plano mais elevado, constituem-se "amizades por bondade", onde há uma reciprocidade na partilha do verdadeiro significado de viver o melhor da vida – amizade enquanto fim. Assim, deseja-se o bem ao amigo por amor ao amigo (cf. Ross, 1987, p. 235).

> Há, portanto, três espécies de amizade, em número igual às qualidades que merecem ser amadas [...], e quando duas pessoas se amam elas desejam bem uma à outra referindo-se à qualidade que fundamenta a sua amizade [...]. Logo, as pessoas que amam as outras por interesse, amam por causa do que é bom para si mesmas, e aquelas que amam por causa do prazer, amam por causa do que lhes é agradável, e não porque a outra pessoa é a que amam, mas porque ela é útil ou agradável. Sendo assim, as amizades desse tipo são apenas acidentais, pois não é por ser quem ela é que a pessoa é amada, mas por proporcionar à outra algum proveito ou prazer. Tais amizades se desfazem facilmente se as pessoas não permanecem como eram inicialmente, pois se uma delas já não é agradável ou útil a outra cessa de amá-la [...]. Portanto, desaparecendo o motivo da amizade esta se desfaz, uma vez que ela existe somente como meio para chegar a um fim (*E.N.*, VIII, 3, 1156 a, 8-28).

Apesar do terceiro tipo de amizade ser considerado o mais elevado e o mais próximo para se chegar à felicidade, isso não quer dizer que os outros tipos devam ser desprezados. São apenas outras formas de se relacionar. São tipos secundários, já que os motivos de sua existência também são secundários. São amizades efêmeras, pois o interesse acaba na medida em que alcançamos o que almejamos e, com ele, perde-se o amigo. Já a amizade que nasce e se fundamenta na virtude torna-se um sentimento mais profundo e desse modo tende a existir sempre.

Amizade baseada na utilidade

Os homens que buscam a amizade em função da utilidade visam a algum bem imediato, como riquezas ou honras. Não são amizades em vista do *fim* em si mesmo, mas como *meio* de adquirir vantagens. É uma amizade conduzida pela ambição, onde os homens preferem ser amados a amar. Diz-se que os que amam o fazem para eles mesmos, por interesse, pelo proveito que um poderá obter do outro.

> De forma que essas amizades são apenas acidentais, pois a pessoa amada não é amada por ser o homem que é, mas porque proporciona algum bem ou prazer. Eis por que tais amizades se dissolvem facilmente se as partes não permanecem iguais a si mesmas: com efeito, se uma das partes cessa de ser agradável ou útil, a outra deixa de amá-la (*E.N.*, VIII, 3, 1156 a, 15-25).

É própria de homens com espírito mercantil, que mantêm relações de trocas de produtos, e subsiste enquanto há vantagens. Desenvolve-se mais facilmente entre pobre e rico, entre iletrado e culto, porque um almeja encontrar no outro o que lhe falta, sendo as amizades dessa classe repletas de queixas e censuras, onde os amigos não se dão tudo o que "necessitam e merecem".

A amizade centrada no prazer

A amizade baseada no prazer possui uma dinâmica semelhante à primeira. No entanto, o produto final que se obtém com a relação é o prazer das mais variadas formas. É, novamente, apenas um meio, porém o que se busca aqui é sentir-se bem. É estável enquanto persiste o elo prazeroso. Segundo Pichler, Aristóteles elucida aqui, por exemplo, o prazer entre o amante e a pessoa amada e nos jovens que vivem buscando emoções e perseguem acima de tudo o agradável. Mas os prazeres dos jovens mudam de acordo com a idade. Por isso eles se tornam amigos e deixam de ser amigos rapidamente (cf. Pichler, 2004, p. 198). A amizade muda conforme o objeto que lhes é agradável.

A amizade ideal e perfeita

A amizade perfeita é a dos homens virtuosos, porque se desejam igualmente o bem um ao outro (cf. *E.N.*, VIII, 3, 1156 b, 5-10). Só os homens bons podem ser amigos por si mesmos.

> A amizade perfeita é a dos homens que são bons e afins na virtude, pois esses desejam igualmente bem um ao outro enquanto bons, e são bons em si mesmos. Ora, os que desejam bem aos seus amigos por eles mesmos são os mais verdadeiros amigos, porque o fazem em razão da sua própria natureza e não acidentalmente. Por isso sua amizade dura enquanto são bons, e a bondade é uma coisa muito durável. E cada um é bom em si mesmo e para o seu amigo, pois os bons são bons em absoluto e úteis um ao outro. E da mesma forma são agradáveis, porquanto os bons o são tanto em si mesmos como para os seus amigos, visto que

a cada um agradam as suas próprias atividades e outras que lhes sejam semelhantes, e as ações dos bons são as mesmas ou semelhantes (*E.N.*, VIII, 3, 1156 b, 5-18).

Este tipo de amizade pressupõe que cada amigo deseje a mesma coisa com sua alma inteira. Fazer desinteressadamente o bem ao amigo, desejar-lhe vida longa, desejar viver em sua companhia, compartilhar as mesmas ideias, opiniões e gostos, compartilhar alegrias e tristezas, enfim, desejar ao outro o que se deseja para si próprio.

A perfectibilidade da amizade se deve, pois, ao fato de ela tecer entre os bons que desenvolvem virtudes similares, que compreendem e agem de tal maneira que a procura da *eudamonia* leve a uma expansão social do eu. Mas não é a mera semelhança que une os bons, pelo contrário, ela apenas cria a base por meio da qual as pessoas, sendo boas nelas mesmas, desejam para outrem a mesma bondade, para que elas sejam boas em e para si mesmas. Graças a esta boa vontade, a bondade de cada um se aperfeiçoa e se dirige a todos. O indivíduo é bom em e para si ao mesmo tempo que é bom e vantajoso para os seus amigos (Giannotti, 1996, p. 169).

A amizade considerada perfeita é rara e exige tempo, familiaridade, confiança e estima. O desejo de se ter uma amizade pode surgir logo, mas não é amizade a menos que ambos sejam estimáveis e o saibam, porque "o desejo da amizade pode surgir depressa, mas a amizade não", diferente do que pode acontecer com a boa vontade (*E.N.*, VIII, 3, 1156 b, 30-35).

Deve, também, estar evidente que o laço entre amigos baseado na virtude não é impessoal. As ideias modernas sobre o amor e a amizade ressaltam singularidade pessoal como fundamento da atração. Nesta forma de amizade, os que amam um amigo amam o que é bom para eles mesmos. O homem bom torna-se um bem para o amigo. Assim, segundo Pichler, essa boa vontade se aperfeiçoa e atua no outro como bondade moral. Tal bondade é o princípio e a fonte de amizade (cf. Pichler, 2004, p. 199). Ama-se o outro por aquilo que ele é. É a verdadeira forma de amizade, porque o fim é em si mesmo centrado no valor do homem e não como meio para obter vantagens (riquezas e honras). Por isso se diz que "o amigo é um outro eu". Ele é possibilidade de autoconhecimento. Conhecemo-nos olhando para o outro. Por causa da nossa finitude existencial, procuramos atingir a perfeição moral no espelhamento do outro. Isto não isenta o homem de sua responsabilidade moral e social.

Para Pichler, Aristóteles enfatiza que amar é a virtude essencial na convivência entre amigos. Ela passa a ser uma disposição de caráter, um *habitus*, algo adquirido pela prática de amar, igualmente na justa medida, que é característica da virtude ou excelência moral (cf. Pichler, 2004, p. 199).

Diz Aristóteles:

> Já que a amizade depende mais de amar do que ser amado, e que as pessoas que amam seus amigos é que são louvadas, amar parece ser uma característica da excelência moral dos amigos, de tal forma que

somente as pessoas em que tal característica está presente na mediania certa são amigos constantes, e somente a amizade desses resiste ao tempo (*E.N.*, VIII, 8, 1159 a, 32-38).

Se, conforme se observa, a amizade perfeita só pode existir entre os iguais e semelhantes por caráter, isto é, os homens bons ou virtuosos, como ficam os maus? Aristóteles diz que eles não sentem o menor prazer na companhia uns dos outros e não se unem para fazer reciprocamente o bem. São amigos apenas em vista do prazer e da utilidade. A *akrasia* é o vício dos tiranos, daqueles que não amam ninguém e por ninguém são amados (cf. Chauí, 2002, p. 461).

> A amizade só existe entre os prudentes e os justos, sendo por isso condição e consequência da vida justa, que é a vida política. Compreendemos, então, porque *philía* e *akrasía* são contrárias, pois esta última usa a comunidade política para servir ao seu próprio prazer e interesse, podendo arruiná-la e traí-la (Chauí, 2002, p. 461).

Nesse sentido, Aristóteles conclui que a amizade entre homens virtuosos oferece-lhes a possibilidade de melhorarem e aperfeiçoarem a si próprios.

> A consciência do seu ser é desejável e também o é a consciência do ser do seu amigo; e essa consciência torna-se ativa quando eles convivem. Por isso é natural que busquem o convívio. [...] Pensa-se que eles se tornam também melhores graças às suas atividades e à boa influência que uns têm sobre os outros; pois cada um recebe dos demais o modelo

das características que aprova e daí a frase: (aprender) ações nobres de homens nobres (*E.N.*, IX, 12, 1172 a, 1-15).

Segundo Baldini, "a amizade tem um valor em si mesma e valoriza ao mesmo tempo", ou seja, faz germinar aqueles valores que estavam presentes nos amigos (cf. Baldini, 2000, p. 15).

A amizade é, portanto, uma virtude, e os homens que conseguem vivê-la são poucos e bons. A deterioração das relações sociais vem perigosamente tornando-se uma constante cada vez mais intensa nas sociedades contemporâneas. Características como a confiança, a transparência, a partilha e a própria convivência correm o risco de não mais existir. Amigos de verdade se tornam cada vez mais raros em um mundo onde os valores são relativizados, e por vezes a própria vida é banalizada. O individualismo e a indiferença tomam conta do meio social moderno, que, se por um lado facilita a comunicação através dos meios tecnológicos cada vez mais rápidos e eficazes, por outro alimenta relações frias e impessoais.

Pensar o porquê da amizade colabora para o resgate de sensibilidades fundamentais para o ser humano, atualmente pouco experienciadas e muitas vezes perdidas. É a conscientização de que sozinhos o caminho é mais difícil. Quando existem "dois que caminham juntos", a estrada se torna mais agradável.

Referências bibliográficas

ARISTÓTELES. *Ética a Nicômaco*. Trad. Leonel Vallandro e Gerd Bornheim. São Paulo: Abril Cultural, 1979.

AUBENQUE, Pierre. *A prudência em Aristóteles.* Trad. Marisa Lopes. São Paulo: Discurso Editorial, 2003.

BALDINI, Massimo. *Amizade e filósofos.* Trad. Antonio Angonese. São Paulo: Edusc, 2000.

CHATEAU, Jean-Yves (org.). *La vérité pratique; Aristote, Éthique a Nicomaque – Livre VI.* Paris: J. Vrin, 1997.

CHAUÍ, Marilena. *Introdução à história da filosofia;* dos socráticos a Aristóteles. São Paulo: Companhia de Letras, 2002.

GARCIA, Dora Elvira. La phrónesis y el juicio reflexionante em relación con el equilibrio reflexivo (I). *Analogía Filosófica,* México, D.F., n. 1, enero/junio 2000.

GIANNOTTI, José Arthur. O amigo e o benfeitor. *Analytica,* v. 1, n. 3, p. 168, 1996.

KERSTING, Wolfgang. A ética nicomaqueia. *Philósophos,* Goiânia: Sociedade Philósophos, v. 7, n. 1, 2002.

LEAR, Jonathan. *Aristóteles;* el deseo de comprender. Madrid: Alianza Editorial, 1988.

MAURI, Margarita. La "teoría" de la actividad práctica. *Analogía* Revista de filosofía. Investigación y difusión, México, D.F., año 6, n. 1, p. 30, enero/junio 1992.

NODARI, Paulo César. A ética aristotélica. *Síntese,* v. 24, n. 78, 1997, p. 383-410.

ORTEGA, Francisco. *Genealogias da amizade.* São Paulo: Iluminuras, 2002.

PEGORARO, Olinto. *Ética dos maiores mestres através da história.* Petrópolis: Vozes, 2006.

PHILIPPE, Marie-Dominique. *Introdução à filosofia de Aristóteles.* São Paulo: Paulus, 2002.

PICHLER, Nadir Antonio. As três formas de amizade na ética de Aristóteles. *Ágora Filosófica,* n. 2, 2004, p. 193-207.

REALE, Giovanni. *História da filosofia antiga.* Trad. Henrique Lima Vaz e Marcelo Perine. São Paulo: Loyola, 1994. v. II. (Série História da Filosofia.)

ROSS, Sir David. *Aristóteles*. Trad. Luís F. Bragança Teixeira. Lisboa: Dom Quixote, 1987.

SANGALLI, Idalgo J. *O fim último do homem;* da *eudaimonia* aristotélica à beatitude agostiniana. Porto Alegre: Edipucrs, 1998.

STIRN, François. *Compreender Aristóteles*. Trad. Ephraim F. Alves. Petrópolis: Vozes, 2006.

TOMÁS DE AQUINO. *Comentário a la Ética a Nicómaco de Aristóteles.* Pamplona: EUNSA, 2001.

VALENTINI, Adair João. *Epicuro;* a humanidade nos laços da amizade. Caxias do Sul: UCS, 1995.

VERGNIÈRES, Solange. *Ética e política em Aristóteles;* "physis", "ethos", "nomos". São Paulo: Paulus, 1998.

ZINGANO, Marco. Particularismo e universalismo na ética aristotélica. *Analytica*, v. 1, n. 3, 1996 B. p. 85-100.

Sônia Maria Schio*

Por que a política?[1]

Mesmo que seja um lugar comum iniciar pela origem da palavra "política", é o começo que permite uma localização espaçotemporal sobre a questão. A *polis* era a cidade autossuficiente grega em torno dos séculos VIII-III a.c., especialmente na Grécia peninsular. É importante ressaltar que as diferenças entre o modo de vida grego e o atual são marcantes, em especial no tocante ao entorno, ao conforto e à tecnologia, assim como ao pequeno número de participantes com relação ao número total de habitantes. O que é importante reter é o conceito, as características, as reflexões que surgiram nesse período e que são relevantes para o pensamento atual.

Em sua origem, a política visava à organização e à preservação da vida na *polis*. Os cidadãos, homens livres e despreocupados com a sobrevivência, porque escravocratas, donos de terras, descendentes dos fundadores da cidade, tinham na política a

---

* Doutorado (2008) e mestrado (2000) em Filosofia Moral e Política pela Universidade Federal do Rio Grande do Sul, com dissertação e tese sobre o pensamento de Hannah Arendt. Especialização em Filosofia Prática (1993) pela Universidade de Caxias do Sul, assim como Licenciatura Plena em História (1988) e em Filosofia (1991) pela mesma universidade. Foi professora de Filosofia da Universidade de Caxias do Sul. Atualmente, é professora de Filosofia da Universidade Federal de Pelotas.

[1] A primeira versão do presente texto foi apresentada no "Projeto Café e Debate: Conexão Razão-Fé-Vida", na Paulus Livraria de Caxias do Sul, sob a coordenação do Prof. Dr. Paulo César Nodari, no dia 9 de agosto de 2008.

sua "forma de vida", a mais elevada e digna. Eles se reuniam em um lugar público[2] e conversavam sobre as questões de interesse da cidade, os "negócios humanos". Os problemas econômicos ou com os escravos, por exemplo, eram questões privadas, a serem resolvidas no âmbito doméstico (*oikia*). Os temas políticos se referiam à legislação,[3] à guerra, às relações com as outras *polis*, entre outras coisas consideradas menos importantes. A política, para os gregos, tinha o objetivo de preservar a liberdade humana. Embora se possa perceber as limitações de tal "política", ela representava um grande avanço com relação ao modo habitual de resolver as questões naquele período: as monarquias teocráticas, hereditárias e despóticas, com ênfase em seu cunho divino.

Atualmente, pode-se entender a política por meio de três maneiras: 1) governo e administração do que é público, comum a todos; 2) a atividade de profissionais ligados a instituições, os partidos políticos; 3) o gerenciamento dos conflitos entre as pessoas, e que exigem a tomada de decisões e a ação para efetivar o que foi decidido.

---

[2] O "espaço público" servia para o aparecimento perante os outros seres humanos, em igualdade de direitos e de obrigações, com o poder de falar, de ouvir, de deliberar e agir, responsabilizando-se por suas ações, e até imortalizando-se a partir delas. Esse era o espaço do "cidadão", e o lugar da política por excelência. Nele era possível agir (ser ator) e também ser espectador (juiz) sobre os mesmos atos ou fatos. Nessa acepção, o público não se reduzia ao Estado e à sua administração.

[3] A lei era fundamental, pois era um produto humano e visava a resguardar o humano, organizando-o. Do contrário, haveria a "barbárie".

A primeira definição restringe o âmbito da política; a segunda o distorce, pois enfoca apenas a atividade de um grupo com determinados fins e objetivos, a qual é participar dos poderes Executivo e Legislativo, muitas vezes defendendo os interesses de alguns grupos. A terceira é a mais geral, mas também a mais humana e próxima ao sentido original: ela demonstra que onde há seres humanos ocorre a necessidade de expor as opiniões, ouvir as dos outros, pensar, decidir e agir sobre os temas de importância para todo o grupo social.[4] Só os seres humanos podem ser políticos, porque eles, além de conviverem uns com os outros (serem gregários ou sociáveis), precisam de certos acordos com os outros, em forma de leis (por exemplo, para organizar a vida em grupo e para preservar o convívio e o mundo que existe entre os seres humanos).

Na política, nessa acepção ideal, a ação autêntica pode ocorrer, e assim a vida ativa possui o mesmo valor que a vida contemplativa. E para isso é mesmo necessário que o Judiciário tenha autonomia, a universidade seja livre e a imprensa, independente.

Desde a Antiguidade a preocupação com a política se faz presente: Platão escreveu diversos livros especificamente sobre esse tema, como *A República* e *Leis*. Aristóteles, como não era grego, mas os admirava, valorizou a vida política ligada à ética, à virtude

---

[4] Por exemplo: discutir a necessidade de moradia não é um assunto público e político, porque possuir uma casa é a base para uma vida digna, cabendo isso ao governo ou à administração. A discussão política se refere ao tamanho da casa, à sua organização, ou seja, à estrutura adequada para uma vida humana, com jardim, pátio, horta, entre outros itens.

e à prudência. Depois dele, Cícero, habitante da cidade romana (*urbe*), desenvolveu diversos tratados sobre o tema, assim como Santo Agostinho, que mesclou a questão com a teologia, por causa do momento histórico que ele vivenciava. Santo Tomás de Aquino, em sua monumental obra, não deixou de abordar as questões relacionadas aos governos temporais. Depois dele, Dante Alighieri, com a obra *Da monarquia*, e ainda com traços medievais. Maquiavel, por sua vez, inaugurou a *filosofia política moderna*, com suas ideias sobre a melhor forma de obter e manter um governo, exposta n'*O príncipe*. Hobbes – o contratualista –, Rousseau, Voltaire e Montesquieu – os iluministas –, expuseram suas ideias de liberdade, de igualdade, de democracia, as quais são conhecidas por terem influenciado os agentes da Revolução Francesa (1789). Kant, mesmo que muitos não o saibam, se preocupou com os acontecimentos políticos de sua época e escreveu sobre eles, em especial em duas obras: *A paz perpétua* e *Ideia de história universal sob um ponto de vista cosmopolita*.[5] Essa época apresenta outros nomes que pensaram a política, e importantes, como Hegel e Marx. A atenção, entretanto, se voltará ao século XX, com Hannah Arendt (1906-1975), pois suas reflexões se tornaram importantes no final do século passado e início do século XXI. Como ela vivenciou o período nazista, em especial, suas ideias políticas se tornaram referência nos questionamentos sobre a temática. Ela se tornou especialmente conhecida pelo conceito de "banalidade do mal".

---

[5] Pode-se acrescentar a obra *O que é isso, o Iluminismo*, nesse conjunto, pelos temas abordados, e sua relevância.

Para tratar da política, sob o enfoque do pensamento de Hannah Arendt, alguns conceitos e temas são relevantes. Para abordá-los de uma forma mais "didática", expomo-los:

1) a igualdade: opostamente à vida do lar, chamada por Hannah de pré-política junto ao trabalho e à escola (que pertence à esfera pré-política), em que há hierarquia, comando e obediência, a vida pública e política é marcada pela igualdade das pessoas enquanto cidadãos capazes de falar, de ouvir, de decidir e de agir. Nesse sentido, a opinião é revalorizada. Por meio da opinião pode-se buscar o consenso necessário para a realização das ações que se fazem necessárias;

2) a comunicabilidade é a capacidade de se relacionar com os outros, moderar-se, falar, ouvir, enfim, "abrir-se" para o outro ser humano, colocando-se na perspectiva desse, pensando, julgando, visando depurar o próprio modo de conceber, levando o outro em consideração (mesmo que apenas em pensamento[6]);

3) a singularidade: cada ser humano é único, irrepetível e imprescindível à política porque é ele que pode interromper os processos, modificando a situação a partir da possibilidade de fazer algo novo, inédito. Essa concepção se opõe à concepção do "homem de massa", indiscernível, um simples número, uma

---

[6] Arendt, nesse momento, confere ao "pensar alargado" de Kant, presente no § 40 da *Crítica da faculdade do juízo*, uma conotação política. Esse modo de pensar porta, também, traços do pensamento de K. Jaspers.

estatística, com necessidades uniformes, com um modo de comportar-se padronizado;

4) a natalidade: o fato de que nascem seres humanos "novos" no mundo que lhes antecede, e que, portanto, é mais velho do que eles, permite que novos começos sejam possíveis. A natalidade, não a mortalidade, torna-se uma categoria política importante, momento em que a educação recebe uma valorização especial, pois, pertencendo à esfera pré-política, prepara os novos cidadãos para a vida pública, para a participação nos negócios humanos;

5) a pluralidade humana consiste no fato de que os seres humanos partilham o mesmo planeta e precisam organizar-se para isso, convivendo de uma forma humana e digna, e isso apenas é possível por meio da política;

6) a liberdade: só ocorre quando há a liberação das necessidades ligadas à sobrevivência e ao trabalho. A liberdade política se caracteriza pela possibilidade de agir, sem coação, participando das questões públicas e políticas. Quando há liberdade, não há hierarquia, violência, mas adesão espontânea. Se houver obediência, essa será a partir da escolha de obedecer alguém que é confiável, porque é necessário ter quem organize as tarefas e coordene as ações;

7) a responsabilidade se relaciona com o mundo,[7] com sua permanência e preservação. Nesse sentido, a ética é denominada

---

[7] O mundo é uma construção humana, um "artifício" elaborado pelo ser humano para tornar o entorno mais confortável, mais aconchegante, um "lar" no interior

"ética da responsabilidade", pois vai além da moral, dos costumes impostos e regrados, ou dos hábitos já enraizados, demandando uma contínua reflexão sobre o que está ocorrendo e sobre o que se está fazendo;

8) a vida ativa e a vida contemplativa possuem papéis diferentes, mas importância equivalente. A vida ativa é composta pelo labor e pela ação. A contemplativa, por sua vez, pelo pensar, pelo querer e pelo julgar;

9) a amizade: recebe uma conotação política porque permite a aproximação dos seres humanos sem interesses escusos, mas principalmente porque amplia os horizontes da comunicabilidade, momento em que um cidadão, por amizade pelo outro, permite que o diálogo ocorra. A amizade possibilita a aceitação da opinião do outro, quando divergente da própria, pelo sentimento que este possui pelo outro, por valorizá-lo como pessoa, por respeitar seu modo de ser e de agir. A amizade, nessa acepção, é imprescindível à política quando esta visa ao consenso, ao entendimento entre os cidadãos, buscando o bem comum, porque há assuntos que exigem uma solução imediata e alguém tem de ceder, pois precisa aceitar outra opção, permitindo que, assim, algo possa ser realizado. Uma situação contrária descaracterizaria a política e tornaria as relações

---

da natureza, que não é construção sua, e muitas vezes lhe opõe resistência e dano, como nos temporais, nos ciclones, por exemplo.

humanas impossíveis, e a convivência humana tornar-se-ia uma "bagunça", substituindo-se o civilizado pelo bárbaro;

10) a sociedade e a comunidade: Arendt prefere o termo comunidade, por entender que essa ainda apresenta laços entre seus membros, e que esses possuem objetivos em comum, sendo o primeiro a manutenção da própria comunidade. Nela há autoajuda, as pessoas se conhecem, por isso podem entender-se pela amizade que os une na esfera privada, e que pode ser estendida à esfera pública. A sociedade, por seu turno, é composta por pessoas que não se conhecem, há um distanciamento entre elas, e um isolamento, mesmo nas grandes cidades, onde o espaço as "empurra" umas contra as outras, fazendo-as competir, massificando-as, identificando-as por números, cifras e percentuais. Elas possuem apenas interesses privados e seus encontros com os semelhantes são igualmente privados, com temas pessoais, subjetivos, e que não visam a algo pelo bem do grande grupo. Na sociedade são protegidos os interesses do indivíduo ou do pequeno grupo;

11) o mal (político): o mal, para Arendt, não recebe conotações religiosas (com demônios ou possessões), nem sequer sendo "radical", pertencendo à essência do ser humano. O "mal banal" pode ocorrer em qualquer lugar em que existam seres humanos, pois ele é superficial, "espalhando-se como fungo" sobre a superfície das vidas ou dos acontecimentos.[8] Ele não

---

[8] Sobre o tema, o livro *Eichmann à Jerusalem...*, de Arendt, é uma fonte de consulta muito importante e interessante, assim como o livro intitulado *Hannah Arendt: história e liberdade (da ação à reflexão)*, de Schio, no cap. II, itens 1 e 2.

tem qualquer profundidade. Para cometê-lo não é necessário ter maus sentimentos, nenhum interesse privado, nenhum motivo perverso. Ele deve ser evitado por meio da atividade do pensamento e do julgamento, em especial, que deve ser constante, com um trânsito incessante entre a vida ativa e a vida contemplativa;

12) a moral e a ética são distintas, pois a moral se relaciona aos comportamentos aceitos e prescritos previamente pelo grupo que comanda a sociedade. Na moral há padrões predefinidos e que devem ser respeitados acriticamente. A ética, por outro lado, é uma "ética da responsabilidade" orientada para o mundo, o entorno construído pelos humanos e para os humanos, e também pelo meio natural, que deve ser preservado, pois, como todos somos habitantes dele, devemos cuidá-lo agora para que as gerações vindouras dele possam usufruir e também preservar;

13) a cidadania é uma prerrogativa de todo ser humano por ser humano, por habitar o mesmo planeta com outros seres iguais a ele, por ser livre, porque pode falar, ouvir, pensar, julgar, decidir e agir. A cidadania somente ocorre no espaço público e político, em que não há coerção ou violência, onde se pode conversar e divergir, e decidir em conjunto o que é melhor para o bem-comum, a partir das necessidades e obrigações de cada um;

14) o poder é gerado quando os seres humanos estão juntos. Se houver violência, por exemplo, não haverá poder, mas o uso da

"força", momento em que não há igualdade, amizade, conversa, entendimento, mas silêncio e obediência cega. Quando há o poder, há um agir obedecendo a alguém que pode coordenar melhor as atitudes, por escolha livre, pois há autoridade, não autoritarismo. O líder legítimo não usa a força, ele utiliza o poder, servindo-se da autoridade para que as ações ocorram, para que os objetivos, previamente acordados por consenso, por convencimento interno, sejam atingidos;

15) a história é o resultado da ação humana livre, espontânea, de um agente que consegue experienciar as vidas ativa e contemplativa de forma autêntica. A história é a forma de tornar "material" e imortal tanto o agente quanto o fato. Sem a preservação das fontes históricas, os fatos e os atos se perdem na sucessão do tempo e dos acontecimentos, e são esquecidos, não fornecendo qualquer exemplo a ser seguido ou a lição que eles portam, e que precisa ser transmitida para as gerações posteriores. Nesse sentido, os poetas, músicos, escultores, pintores, historiadores, entre outros, registram fatos e acontecimentos, resguardando-os sob a forma de poemas, músicas, esculturas, por exemplo, para que possam ser lembrados, estudados e seguidos ou evitados;

16) a educação visa a complementar a categoria da natalidade, isto é, a preparar os futuros cidadãos, as crianças que chegam "novas" em um "mundo velho". A criança, pelo nascimento, é inserida em um grupo social que a antecede, que existia antes dela

e que deverá sobreviver quando ela se for. A educação pertence à esfera pré-política. A família, por seu turno, pertence à esfera privada; a política, à esfera pública, espaço em que as crianças, ao se tornarem adultos, deverão participar como cidadãos. Para tanto, elas precisam ser educadas e ensinadas. Educadas para saber comportar-se, para possuir as regras de conduta que o grupo espera dela.[9] O ensino se volta à "tradição", isto é, aos conteúdos do passado, às disciplinas de história, matemática, língua portuguesa, literatura, física, e aos demais temas que lhe fornecem o conhecimento necessário para entender e participar do mundo no qual vive.

Enfim, pode restar a questão: a política é uma utopia?

Quando se trata da temática referente ao gerenciamento das questões humanas, conflitantes ou não, a questão precisa ser exposta, pensada e decidida no momento presente, mas não tem o presente como objetivo e sim o futuro. E o futuro é desconhecido, "está em aberto", é uma abstração, uma esperança que soma o passado e o presente e se projeta para um outro tempo, um tempo infinito que se constrói a cada dia. Se o futuro é uma utopia, todos os assuntos que se voltam a ele também o são. O importante é

---

[9] Nos conteúdos referentes à educação, pode-se perceber que a autora é conservadora, pois ela própria foi formada na rigorosa tradição europeia e alemã do início do século XX. Vide o artigo "A crise na educação", na obra *Entre o passado e o futuro*, de Arendt, e *Hannah Arendt: história e liberdade (da ação à reflexão)*, de Schio, cap. III, item 2.4.

que ele é construído "hoje", tendo raízes no ontem e vislumbrando um amanhã. Assim, o tema da política é um assunto que se faz presente quando há seres humanos, quando há futuro, e também esperança. Do contrário, há um movimento confuso, desordenado e sem sentido, e o humano se perde em processos desconhecidos, destruindo, também, as características propriamente humanas que a política tem por objetivo preservar: a vida, a liberdade, a comunidade, e o próprio sentido da humanidade.

Referências bibliográficas e indicações de leituras complementares

AGAMBEN, Giorgio. *Estado de exceção.* São Paulo: Boitempo, 2004.

ARENDT, Hannah. *A condição humana.* 5. ed. rev. Rio de Janeiro: Forense Universitária, 1991. [*The Human Condition.* Chicago/London: The University of Chicago Press,1989.]

_____. *A vida do espírito;* o pensar, o querer, o julgar. Rio de Janeiro: Relume-Dumará/UFRJ, 1991. [*The Life of the Mind.* New York: Harcourt Brace & Company, 1981.]

_____. *Eichmann à Jerusalem;* rapport sur la banalité du mal. Paris: Gallimard, 1991. [*Eichmann in Jerusalem;* A Report on the Banality of Evil. New York: Penguin Books, 1992.]

_____. *Entre o passado e o futuro.* São Paulo: Nova Perspectiva, 1992.

CORREIA, Adriano. *Hannah Arendt.* Rio de Janeiro: Jorge Zahar Ed., 2007. (Coleção Passo a Passo, n. 73.)

JAEGER, Werner. *Paidéia;* a formação do homem grego. São Paulo: Martins Fontes, 2003.

KANT, Immanuel. *A paz perpétua e outros opúsculos.* Trad. de Artur Morão. Lisboa: Edições 70, 1988.

_____. *Crítica da faculdade do juízo.* Trad. de Valério Rohden e António Marques. Rio de Janeiro: Forense Universitária, 1993.

ROSENFIELD, Kathrin. *Estética*. Rio de Janeiro: Jorge Zahar Ed., 2006. (Coleção Passo a Passo, n. 63.)

SARTORI, Giovanni. *Homo Videns;* televisão e pós-pensamento. Bauru: Edusc, 1991.

SCHIO, Sônia Maria. *Hannah Arendt;* história e liberdade (da ação à reflexão). Caxias do Sul: Edusc, 2006.

Francisco Cichero Kury*

Por que a justiça?

Introdução

Por que a justiça? A justiça como realidade do espírito humano e necessidade universal das nações.

Miguel de Cervantes intuiu tudo ou quase tudo sobre o problema da justiça: neste mundo da vida humana concreta, árida e dura, ninguém nunca haverá de compreender os bons sentimentos que emanam daqueles que trazem consigo o ideal superior da justiça. Trata-se de um ideal tão elevado que se torna inacessível à mente humana, que, sempre que se põe a falar ou escrever sobre ele, acaba por cometer deslizes e equívocos inevitáveis. Foi assim que Ortega y Gasset optou pelas *Meditações do Quixote* e se encaminhou para o mundo platônico – segundo ele, "[...] o amor é um divino arquiteto que baixou ao mundo [...]". Pensamento ao qual acrescentou o de Platão: "[...] a fim de que tudo no universo viva em conexão" (Ortega y Gasset, 1967, p. 38). Não por acaso, mas por necessidade intrínseca, o Cristianismo acabou por identificar justiça e amor. Contudo, trata-se de um ideal sobre o qual o imperfeito e precário ser

---

* Graduação em Direito pela Universidade de Caxias do Sul. Mestrado em Direito pela Universidade de Caxias do Sul. Professor no curso de Direito da Universidade de Caxias do Sul.

humano – pobre detentor da precária e fraca luz da razão –, não pode dispensar de sua vida sem sentir que dispensa *toda* a sua vida. Isso significa que a justiça está entranhada na própria vida e que ela está, de algum modo, inscrita nas profundezas do espírito humano e mesmo no universo, se, para isso, se indicar a meditação dos pensadores pré-socráticos.

Trasímaco, na voz de Platão, no Livro I da *República*, 343 *a*-345 *a*, foi cético: o homem justo sempre haverá de ser submetido pela injustiça do homem injusto, pois de um momento em diante a injustiça sempre será mais forte e avassaladora que a justiça. Platão respondeu com o mundo das ideias, tornando a justiça como sinônimo da ideia de *Bem*. Mas é necessário dizer que através de toda a *República* sempre se tem a impressão de que Trasímaco também detinha grande parte da verdade... Mais adiante (*República*, II, 361 e-362 *a*), Platão admite, antecipando em muitos séculos a tragédia e a revelação de Cristo, que o homem justo pagará com a própria vida o amor que tem pela justiça: esse homem "será açoitado, torturado, acorrentado, terá os olhos queimados e, finalmente, tendo sofrido todos os males, será crucificado [...]". Assim, as questões provocadas pela justiça resultam em problemas paradoxais e impõem meditação concentrada e atenta. Adianta-se, então, a resposta que a seguir será defendida: o porquê da justiça encontra-se no fato de não ser possível abandonar a reflexão sobre ela sob o argumento de que ela conduz à linguagem inacessível da metafísica, pois, ainda que se argumente que ela é um conceito ou realidade incognoscível, isso levaria à vida humana associada ao absurdo de uma vida irracional.

A necessidade da justiça

A justiça é, então, necessária. É necessária sua existência na mente do povo e no intelecto apurado do intelectual. É necessária sua noção, errática, nebulosa, difícil de transmudar em conceito rigoroso, pois a justiça muitas vezes é apenas vislumbrada como se estivesse sempre entre neblinas. E seria necessário chegar ao paroxismo – não sendo suficiente assinalar tudo isso – de criar ou inventar a justiça, caso esta não existisse, pois não é possível pensar que o ser humano seja capaz de viver na ausência completa da *experiência da justiça*. Esse vácuo ou ausência, absurdos em si mesmos, não poderiam existir por causa da especial condição humana – condição que somente pode ser compreendida se se admite que o homem é mais ser espiritual do que material, ser que tende mais para o mundo abstrato e ideal do que para o mundo da matéria, fato que torna o homem *um ser que exige a justiça a partir de si mesmo*. Mas não apenas isso, a questão é mais complexa. Deve-se reparar que a justiça não é apenas um conceito elaborado pela razão. A justiça atinge a vida emocional humana e até mesmo se pode dizer que o ser humano é capaz de experimentar o *sentimento da justiça* – fato importante na medida em que se sabe que viver também significa vivenciar sentimentos, pois, conforme Farias Brito, "viver é sentir", verdade que os filósofos, em geral, desprezam e da qual parecem se envergonhar dentro da senda histórica e errônea das filosofias que entronizaram a razão, e apenas a razão (cf. Farias Brito, 1957, p. 23).

Imagine-se, por exemplo, um mundo ou sociedade que desconhecesse por completo a justiça. Outra coisa não seria que uma realidade absurda e insustentável: viver-se-ia em um lugar onde tudo seria possível e onde nada poderia ser punido, porque simplesmente não existiria diferença entre conduta humana lícita ou ilícita, certa ou errada, justa ou injusta. Uma tal sociedade somente seria possível se os seres humanos sofressem de uma espécie de cegueira que os impelisse sempre e cada vez mais para o mundo absurdo do niilismo satanista que foi tantas vezes descrito ou intuído nos textos de Dostoiévski ou Kafka.[1] Assim, sabe-se da necessidade da justiça por intuição – método filosófico legítimo que há muito parece ter sido abandonado. De outro lado, sabe-se da necessidade da justiça percebendo-se que sua ausência é mera impossibilidade e absurdo: quem se lança no pessimismo radical semelhante ao de Trasímaco somente pode assumir tal posição enquanto capaz de pensar a possibilidade de um mundo, de uma sociedade ou vida melhor. Contudo, segundo Berge (1969, p. 247), há aí dialética inegável que já foi anunciada por Heráclito: "Ignorariam até o nome de Diké* se não houvesse injustiças" (*Frag.* n. 23). Daí o que se

---

[1] No caso de Dostoiévski, existem relatos "satanistas" nas seguintes obras: *Os possessos* e *Crime e castigo*. Em Franz Kafka, deve-se lembrar especialmente de *A metamorfose*.

* Ou Dice: filha de Zeus com Têmis, deusa grega dos julgamentos e da justiça, uma das Horas (N.E.).

percebe em todos os instantes da vida humana associada: a justiça e a injustiça ocorrem, diga-se assim, misturadas uma à outra, mas sabe-se que, nesta mescla de fatos e condutas justas e injustas, é na justiça que está incluída a discussão daquilo que é melhor ou mais excelso para cada situação dada. De fato, escolher ser injusto equivale a escolher o mais ruinoso e optar pela irracionalidade: o injusto é irracional e ruinoso por não se coadunar com aquilo que é excelso e elevado; e a evidência desta verdade é conhecimento *a priori*. Mas se deve acrescentar que esta verdade é a vivência interna do espírito que é iluminado, tal como queria Descartes, pela luz natural. E este fato é tão verdadeiro quanto antigo, pois não escapou de constar em textos religiosos de altíssima importância.

O Evangelho de São João (3,19-21) – conclusão do relato do momento em que Nicodemos, à noite, encontrou-se com Cristo – expõe esta verdade:

> Este é o julgamento: a luz veio ao mundo, mas os homens preferiram as trevas à luz, porque as suas obras eram más. Pois quem faz o mal odeia a luz e não vem para a luz, para que suas obras não sejam demonstradas como culpáveis. Mas quem pratica a verdade vem para a luz, para que se manifeste que suas obras são feitas em Deus.

Note-se que a perspectiva teológica não exclui a perspectiva filosófica da discussão, ambas se complementam. O multifacetado problema da justiça não se deixa captar apenas por um ângulo restrito e limitado: esta questão está atrelada ao problema do mal, sua origem e propagação. Se ser justo ou injusto equivale a escolher aquilo que é mais ruinoso e irracional, acrescente-se que esta escolha também pode ser conscientemente procurada: os homens preferiram as trevas à luz. Assim, se o problema do mal está relacionado com o problema da injustiça, a situação está enraizada no ódio que é possível sentir perante aquilo que é excelso e elevado: pois quem faz o mal odeia a luz e não vem para a luz, para que suas obras não sejam demonstradas como culpáveis. Contudo, tal como deflui do texto, na prática do mal persiste a consciência do afastamento do bem, pois esta consciência surge naquele que odeia a luz. O texto exemplar e único não deixa nenhuma dúvida: o homem é espírito colocado entre a decisão mais crucial possível. Entre aquilo que é mais ruinoso e mais execrável e entre aquilo que é mais excelso e elevado é possível, ainda, fazer a escolha mais fundamental de todas. A partir da perspectiva teológica, a justiça permite a salvação humana. A partir da perspectiva filosófica, a justiça é necessária para trazer o que é melhor para o meio social, e isto ocorre por exigência do espírito humano. E da perspectiva jurídica a justiça é fundamento último de todo o direito positivo.

O direito positivo e o direito justo

Caso a ciência jurídica fosse possível sem a justiça, novamente haveria de se cair em uma nova espécie de cegueira. O direito justo não é apenas mais amplo e profundo que o direito positivado e que se encontra nas leis escritas e codificadas. Há, aqui, também outra evidência – evidência que se coloca à luz da consciência em face desta simples interrogação: como seria possível reconhecer o texto de uma lei injusta caso o jurista ou qualquer leitor desse texto não tivesse consigo a cognição do que é justo? Tal questão não deixa dúvidas: contrariamente a todas as correntes que sempre lutaram por afastar do direito toda e qualquer discussão de caráter metafísico, a questão da justiça sempre exigirá a ampliação de sua própria discussão para além das fronteiras do próprio direito. Indício dessa verdade se obtém no curso da própria história da filosofia do direito: o direito e a justiça sempre mereceram tratados filosóficos, teológicos ou teológico-políticos. Isso retrata a ínsita complexidade da discussão e de quanto é frágil o direito positivo quando isolado desse contexto mais amplo e profundo.

Assim também nas ciências jurídicas: por mais esforços que se faça para afastar o tema da justiça do interior da discussão estritamente jurídico-normativa, o guia de qualquer discussão, embasado em textos de lei, sempre será dado pela justiça. Isso é tão verdadeiro que, com frequência, a discussão estritamente jurídica pode redundar em absurdo caso se não for orientada por parâmetros justos. É o momento em que se costuma argumentar: isto é legal (isto é, está de acordo com o texto da lei), porém não é justo. A essa discrepância todo ordenamento jurídico-normativo sempre estará sujeito. O direito corre o risco de tornar-se, nessas ocasiões, uma suma de erros e equívocos, ou um alentado tratado sobre a injustiça. Não é de outra forma que todos os governos injustos do mundo acabam por aceitar o direito positivo e dele excluem a discussão da justiça para torná-lo inanimado, um texto de leis mortas: com facilidade se poderia escrever uma *história do direito através das leis injustas*. Nesse caso, a justiça é o espírito vivo do direito enquanto discussão de fundamentação das decisões jurídicas através de princípios metajurídicos. Isso significa que o ordenamento jurídico-normativo, por si só, não tem fundamentação crítica e reflexiva enquanto se mantém impermeável à discussão sobre o direito e a decisão justa que se apoia em conceitos externos e superiores ao texto jurídico. Tais conceitos e princípios são conhecidos: equidade, proporcionalidade, igualdade, princípio do contraditório, princípio da boa-fé e da lealdade, princípio de imparcialidade, princípio de direito a defesa etc. A esses se acrescente, ainda, que o justo também envolve questão axiológica; pois a misericórdia, a piedade e mesmo a clemência são posturas que tendem a proteger valores humanitários quando existem aqueles que deles precisam: misericórdia, que visa a proteger aquele que de tudo é destituído; piedade, que visa a abrandar o rigor excessivo das leis; e clemência, que busca até mesmo a ideia de perdão. Portanto, observa-se que o direito, através de sua história tortuosa, contraditória e paradoxal, parece se dirigir para algo que ainda é mais elevado do que qualquer um desses elementos que estão imersos no pensamento e na religiosidade cristã. Nesse caso, cabe perguntar se o direito está teleologicamente orientado para atingir um valor supremo que lhe é externo e ao mesmo tempo goza de vida latente em seu interior. Tal possibilidade amplia, em muito, a discussão da justiça e a leva até quadrantes inesperados, até mesmo estranhos ao direito.

É possível ampliar a reflexão sobre a justiça

Neste item, interrompe-se o curso da reflexão proposta para nela se incluir a seguinte interrogação: O tema da justiça pode ser debatido para além dos limites da filosofia, do direito e da teologia? Isto é, é possível fazer com que a discussão avance para terrenos que, aparentemente, estão vedados ao tema da justiça? Desenvolve-se tal possibilidade a partir de pensadores diversos e diferentes, separados por vários séculos e de modo quase exemplificativo: a) em primeiro lugar, traz-se para reflexão o pensamento de Anaximandro, pensador pré-socrático; b) em segundo lugar, passa-se à discussão de alguns breves aspectos da obra de Goffredo Telles Júnior *O direito quântico. Ensaio sobre o fundamento da ordem jurídica*. Pensa-se, ainda, que o tema da justiça se embasa na *intuição originária* ensinada pelos pré-socráticos. Intuição que, pelos mais variados motivos, especialmente pela equívoca e mal compreendida ideia de cientificidade, escapa da filosofia contemporânea. Assim, se é correto afirmar, a partir de Rudolf von Ihering, que *o direito não é uma pura teoria, mas uma força viva*, isto somente é verdadeiro porque aquilo que vivifica o direito é a justiça. Nesse caso, a justiça é a essência do direito que o torna vivo, pois o ordenamento jurídico, em si mesmo, não tem vida senão através da justiça.

A metáfora legalista de Anaximandro

É possível que o pensamento de Anaximandro ainda possa inspirar as discussões em torno da justiça? O mundo pré-socrático resulta difícil de ser entendido, e por uma razão fundamental: trata-se de um instante na história da filosofia ocidental em que o ser humano se encontrava em condições especialíssimas para filosofar. Esse fato resulta, inquestionavelmente, das lições do próprio Heidegger: Anaximandro, Parmênides e Heráclito foram por ele denominados "pensadores originários".

No pensamento de Anaximandro, há aspectos que ampliam a reflexão sobre a justiça em direção do próprio cosmo – fato que, posteriormente, autores contemporâneos (lembre-se a obra de Goffredo Telles Jr., *O direito quântico...*) levaram às últimas consequências. Assim como Heráclito, Anaximandro aceita a realidade dos opostos para explicar o nascimento do universo, mas, para ele, é o *apeíron* [= o indefinido] a substância primordial de onde tudo tem origem. Sua explicação, repleta de metáforas que lembram o pensamento dos juristas quando buscam explicar as sociedades humanas, é atestada pelo fragmento que dela restou na obra de Simplício da Cilícia:

> [...] uma outra natureza *apeíron*, de que provêm todos os céus e mundos neles contidos. E a fonte da geração das coisas que existem é aquela em

que se verifica também a destruição segundo a necessidade; pois pagam castigo e retribuição uns aos outros, pela sua injustiça, de acordo com o decreto do Tempo (Kirk; Raven, 1979, p. 113).

O fragmento todo é uma rica *metáfora antropomórfica* ainda capaz de inspirar a filosofia sobre a justiça. Anaximandro, querendo se referir à estabilidade e harmonia natural do cosmo, intuiu, talvez, muito mais do que pudesse imaginar. Ele deixou registrado, em estado de latência, algo inusitado que cientistas e astrofísicos ainda relutam em aceitar: O universo também poderia ser explicado por pensamento semelhante ao dos juristas, jusfilósofos, sociólogos e teólogos? G. S. Kirk e J. E. Raven navegam por essa interrogação inquietante:

> O constante intercâmbio entre substâncias opostas é explicado por Anaximandro numa metáfora legalista derivada da sociedade humana: a prevalência de uma substância à custa do seu contrário é *injustiça*, e a reação verifica-se, através da aplicação do *castigo*, com a restituição da *igualdade* – de algo mais que igualdade, porquanto o prevaricador fica, também, privado de parte da sua substância original. Esta é dada à vítima, além daquilo que lhe pertencia, e por sua vez conduz (poderemos nós inferir) ao *córos*, ao excesso, por parte da primeira *vítima*, que passa a cometer uma *injustiça* contra o *primeiro agressor*. Assim, tanto a continuidade como a estabilidade da mudança natural eram, para Anaximandro, motivadas por esta metáfora antropomórfica (1979, p. 115).

Portanto, está claro onde repousa a gravidade dessa importante metáfora usada por Anaximandro, pensador que viveu, aproximadamente, entre os anos de 610-547 a.C. O problema divide-se, no mínimo, em dois aspectos: a) o pensamento de Anaximandro seria realmente apenas metafórico para explicar sua cosmogonia?; b) seria possível abandonar aquela metáfora e *realmente* aproximar a reflexão e a linguagem filosófica sobre a justiça da realidade do cosmo? Tanto uma como outra interrogação remetem ao fato de como pensar aquilo que deve ter sido a intuição originária da justiça no transcurso do pensamento pré-socrático. Aquilo que impeliu Anaximandro a pensar sua cosmogonia foi a admiração que experimentou diante dos seguintes fatos: a) a estabilidade natural do cosmo; b) a realidade dos contrários; e c) a harmonia cósmica retorna sempre ao próprio cosmo, mesmo após momentos de desarmonia. Contudo, esses três itens também são reclamados por juristas, sociólogos ou teólogos quando constroem suas teorias sobre as sociedades humanas, fato que em si mesmo indica que toda a intuição sobre o problema da justiça pode ser ampliada para outras áreas de investigação.

Anaximandro e o "decreto do Tempo"

Não se pode aceitar que a intuição de Anaximandro, usando a "metáfora legalista" (expressão usada por G. S. Kirk e J. E. Raven) para pensar a estabilidade natural do cosmo, fosse de todo ingênua. Não seria mais desafiador pensar o contrário? Não seria possível propor que a intuição de Anaximandro conseguiu dizer mais do que se pode supor? Dentro dos termos deste artigo, pensa-se que Anaximandro intuiu a realidade visível e invisível do cosmo e da justiça. A partir da realidade visível dos contrários – a mudança das estações do ano: verão/inverno; calor/frio; seco/molhado etc. –, foi-lhe possível pensar e falar sobre a realidade invisível e essencial do cosmo, que, em si, está assentado em sua própria estabilidade natural. Poder-se-ia, então, pensar que dentro do cosmo há uma espécie de grande dever-ser que é capaz de contrabalançar todas as suas desarmonias e desordens e que o faz retornar para a sua estabilidade natural? Leia-se lentamente cada uma das palavras de G. S. Kirk e J. E. Raven sobre a interpretação conclusiva do fragmento de Anaximandro:

> A frase terminal da citação, *de acordo com o decreto do Tempo*, amplifica a metáfora da injustiça. Que espécie de decreto promulga o Tempo? A palavra *táxis* sugere a sentença de castigo por parte do juiz ou, mais propriamente, a imposição de um tributo (como nas listas de tributos atenienses). Nesses casos, o que é ordenado ou decretado é o *montante* do castigo ou do pagamento; dificilmente pode ser esta a principal finalidade do *decreto do Tempo*. O Tempo deve, provavelmente, regulamentar o prazo para o pagamento; o montante seria fixado, como indenização total acrescida de uma multa proporcional. A ideia de um prazo é adequada: a injustiça do verão tem de ser reparada dentro do período, aproximadamente igual, do inverno; a da noite, durante o período do dia e assim por diante. Não é possível que se tivesse em mira nenhum período uniforme: o Tempo decreta para satisfazer cada caso particular (1979, p. 116).

Assim, o que exatamente intuiu Anaximandro senão que a realidade das sociedades humanas assemelham-se com o equilíbrio existente no cosmo? Esse pensamento corresponde exatamente ao sentir que, até hoje, todo homem tem diante de um fato injusto: não é possível aceitar a injustiça sabendo-se que a justiça é necessária em si mesma. Observe-se, ainda, que toda a vida humana, que é racional e afetiva, é capaz de pressentir, conforme Heráclito (*Frag.* 54), que a harmonia invisível é mais forte do que a visível (cf. Berge, 1969, p. 261). Assim, não resta dúvida que a sensibilidade filosófica mais lídima e profunda, que tão bem foi ensinada pelos pensadores pré-socráticos, permite ou tende para uma discussão ampliada sobre o tema da justiça. Embora tudo isso não seja novo, é como se o fosse em tempos em que os filósofos parecem estar embrutecidos para pensar sutilezas da realidade. Nada tão distante da fineza heraclitiana do *Fragmento* 113, que concorda com a de Anaximandro: pensar reúne tudo (Carneiro Leão; Wrublewski, 1991, p. 89).

Goffredo Telles Junior e o direito quântico

Segundo Goffredo Telles Júnior, professor emérito da Universidade de São Paulo (USP), a *teoria quântica do direito* contém a "tese de que o direito se insere na Harmonia do Universo e, ao mesmo tempo, dela emerge, com requintada elaboração do mais evoluído dos seres". Acrescenta, ainda, que

> o direito quântico é o direito natural – não o direito natural doutrinário ou ideal, mas o direito natural da natureza, que é o direito que flui das realidades bióticas e genéticas dos agrupamentos humanos; o direito que simplesmente exprime o *sentimento* e a verdadeira índole das coletividades em que ele vigora (1985, p. 14).

A partir dessa intuição fundamental, Goffredo Telles Júnior percebe o direito através do todo, e cada realidade particular também é explicada pelo todo: "*Unum versus alia*, o *Uno* feito de todo o Diverso: estas são as palavras que exprimem, etimologicamente, o sentido do termo *Universal*" (1985, p. 231). Trata-se, como se percebe, de uma intuição que ressalta o direito, nele incluindo a questão da justiça: pois um direito tal como é visto por este autor somente pode coincidir com o direito natural e, portanto, como aquilo que é justo. Contudo, a justiça, para ser conhecida a partir dessa visão, tem de necessariamente emergir de todos os seus contrários, e entre todas as diversidades. Necessário, então, é reconhecer que a justiça está presente no intelecto humano e no sentir desse ser que é racional, mas não apenas racional. Por outro lado, se a harmonia se percebe no universo, a justiça é o termo correspondente quando se quer discorrer sobre as sociedades humanas. Nesse sentido, nunca ninguém seria capaz de encontrar ou observar uma sociedade humana em que estivesse ausente a ordem que o direito natural impõe a todos a partir da harmonia universal – fato que elimina a desordem para fazer nascer a ordem devida. Nesse caso, para o autor, mesmo a desordem é alguma ordem, mas não aquela ordem que deve ser (cf. p. 243-247).

A justiça como realidade do espírito humano

Pense-se em um fato hediondo e injusto. Por exemplo: a violência sexual praticada contra crianças ou um homicídio cometido por motivo torpe. Tais fatos a razão absorve e imediatamente os descreve como aquilo que não poderia ou não deveria acontecer. Nesses exemplos, a consciência humana reconhece que tais fatos são injustos, assim como imediatamente reconhece que um triângulo não pode ser construído a partir de quatro ângulos. Mas não apenas isso. A consciência humana também é capaz de perceber que não é possível ficar indiferente perante tais casos. Assim, trata-se de reconhecer duas coisas imediatas: a) que se rasgou um tecido da realidade que deveria se manter íntegro e inteiro; e b) que este tecido deve ser restaurado de alguma forma. Assim, diante dessas duas evidências, surge também o sentimento de horror ou asco: fato que prova imediatamente que a justiça é necessária realidade do espírito humano. Pode-se, então, acrescentar à célebre definição de filosofia propagada por Farias Brito que a filosofia é, de fato, a atividade permanente do espírito – e que nesta atividade existem realidades imediatas que fundamentam o filosofar (Sanson, 1984, p. 31). Dessa atividade que é a vida do espírito deflui que a justiça é uma realidade para o espírito humano, assim como teoremas matemáticos surgem como realidade para o intelecto do matemático. Uma pedra é real e acessível aos sentidos, embora ela possa ser abstraída pela poesia de Drummond: "Tinha uma pedra no meio do caminho". Mas a justiça já se apresenta abstraída intrinsecamente no interior da vida do espírito humano: ela não necessita ser transmudada em abstração. Contudo, abstrata como é em sua noção universal, a justiça é tão real quanto a pedra que está diante dos olhos e que as mãos podem tocar. Não apenas isso. Esta realidade do espírito humano coincide com um sentimento de estabilidade natural que está naquilo que naturalmente se sabe que deve ser desta e não de outra forma. E esta realidade deve ser observada em si mesma e direcionada para todos os outros homens. Trata-se de uma correspondência ou simetria entre aquilo que se verifica nos fatos humanos e a harmonia que pode ser encontrada no próprio cosmo.

A justiça como necessidade universal

Assim como não é possível viver para sempre a falsidade da mentira, também as nações não se mantêm vivas se não carregam consigo a ideia de justiça. Contudo, essas verdades somente são conhecidas porque é possível mentir e é possível ser injusto, fato que as torna diferentes daquilo que é a justiça como realidade do espírito humano. O espírito humano sabe da realidade da justiça imediatamente, mas a justiça como necessidade universal é descoberta posterior, quando se experimenta a injustiça e nela se tenta permanecer. Tal fato coincide com John Rawls: "A justiça é a virtude primeira das instituições sociais, tal como a verdade o é para os sistemas de pensamento" (1993, p. 27). Ou seja, os indivíduos e as sociedades devem acolher a justiça para que possam persistir e se manter vivos, pois, assim como a injustiça derrota e leva à extinção os indivíduos, também as sociedades injustas acabam determinando a própria extinção. Esta é a verdade da ascensão e queda das nações. A necessidade da justiça é universalmente reconhecida, e da mesma forma se sabe que a verdade não pode ser abolida da vida humana individual ou associada.

Considerações finais

A justiça pode ser exercida por dever e pode ser exaltada no último limite que pode alcançar. Neste último caso, pensa-se que a justiça pode ser transmudada e exercida pelo sentimento sublime do amor – tal como foi a proposta de Ortega y Gasset valendo-se de Platão: "[...] o amor é um divino arquiteto que baixou ao mundo a fim de que tudo no universo viva em conexão" (1967, p. 38). Eis, então, o momento em que a filosofia deverá ceder terreno para o pensamento teológico, especialmente teológico-cristão, que está ínsito no texto de Miguel de Cervantes. Contudo, nada tão difícil de explicar e falar aos homens quando a justiça atinge esse patamar tão elevado: ninguém será bem recebido quando sua voz ecoar dessas alturas. Em todas as discussões sobre a justiça, se se observar bem, sempre existirá o sentimento de que já se sabe do que se está falando ou escrevendo – embora nunca se tenha o exato sentido do tema debatido. Ao fim e ao cabo, existem as seguintes verdades que devem ser observadas:

a) a justiça não é discussão que pertence apenas às ciências sociais e ao direito;
b) a justiça nunca poderá ser inteiramente definida, pois ela escapa por completo da categoria jurídico-formal para se tornar,

conforme Nietzsche verificou, categoria estético-filosófica (Melo, 2004, p. 14-17);

c) a justiça que abrange toda a vida do espírito somente poderia ser tratada novamente em um pensamento que fosse capaz de renovar a ideia de absoluto;

d) a justiça representa, para o homem individual e para as sociedades, realidade do espírito e necessidade universal (Kelsen, 1945, p. 357-380).

Por fim, há de se reconhecer que o empobrecimento intelectual da presente época impede que se cumpra integralmente a filosofia de Heráclito e, assim, se possa pensar a justiça em sua verdade: como dar desenvolvimento a uma filosofia que seja capaz de reunir tudo na justiça?

Mas, para o tempo presente, são as nações que cada vez mais percebem que a justiça não se restringe a um mero conceito acadêmico. A justiça é mais do que em geral se diz e se pensa: ela é o reconhecimento de que a vida exige sua presença como força e harmonia entre as relações humanas, sociais e político-internacionais. Trata-se de compreender que a justiça emerge da complexidade da própria vida humana associada – fato que o pensamento pré-socrático entreviu com maior perfeição do que a filosofia contemporânea. Talvez o exemplo ainda mais eloquente da complexa relação entre sociedade e justiça, na Antiguidade, seja o pensamento de Empédocles, para quem a Luta entre o Amor e o Ódio eram os princípios que ligavam, misturavam e destruíam todo o cosmo (Kelsen, 1945, p. 371). Entretanto, há de se anotar que o homem contemporâneo não é mais dono de si através de uma razão pensante e viva, ele apenas racionaliza sem pensar. Trata-se da situação, testemunhada por Heráclito (*Frag.* 73), em que a ação se realiza sem consciência completa daquilo que está sendo levado a cabo: "Não se deve agir como quem dorme" (Berge, 1969, p. 271).

Referências bibiográficas

BERGE, Damião. *O logos heraclítico;* introdução ao estudo dos fragmentos. Rio de Janeiro: Instituto Nacional do Livro, 1969.

BÍBLIA DE JERUSALÉM. São Paulo: Paulus, 2002.

CARNEIRO LEÃO, Emmanuel; WRUBLEWSKI, Sérgio. *Os pensadores originários;* Anaximandro, Parmênides, Heráclito. Petrópolis: Vozes, 1991.

FARIAS BRITO, Raimundo de. *Finalidade do mundo;* estudos de filosofia e teologia naturalista. Rio de Janeiro: Instituto Nacional do Livro, 1957.

KELSEN, Hans. *Sociedad y naturaleza;* una investigación sociológica. Buenos Aires: Editorial DePalma, 1945.

KIRK, G. S.; RAVEN, J. E. *Os filósofos pré-socráticos.* Lisboa: Fundação Calouste Gulbenkian, 1979.

MELO, Eduardo Rezende. *Nietzsche e a justiça;* crítica e transvaloração. São Paulo: Perspectiva, 2004.

ORTEGA Y GASSET, José. *Meditações do Quixote.* São Paulo: Livro Ibero-Americano, 1967.

PLATÃO. *A República.* Lisboa: Guimarães Editores, 2005.

RAWLS, John. *Uma teoria da justiça.* Lisboa: Editorial Presença, 1993.

SANSON, Vitorino Félix. *A metafísica de Farias Brito.* Caxias do Sul: EDUCS, 1984.

TELLES JÚNIOR, Goffredo. *O direito quântico. Ensaio sobre o fundamento da ordem jurídica.* São Paulo: Max Limonad, 1985.

VON IHERING, Rudolf. *A luta pelo direito.* Rio de Janeiro: Forense, 2003.

Ulisses Bisinella[*]

Por que a liberdade?[1]

A definição de liberdade é um desafio para a filosofia desde a sua origem, uma vez que seus sentidos são diversos conforme o contexto e a época em que são apresentados, salientando ou negando sua importância. Em regimes democráticos, é condição para a sociabilidade; em regimes totalitários, é transformada em perigo, pois nela reside a autonomia de ação e de ideias. Sua existência é temida e ao mesmo tempo exigida, pois a liberdade é uma condição para a felicidade e também a necessidade de aceitar que outros são livres e que podem tomar decisões livres.

O sistema social dos principais sistemas políticos é baseado no princípio de que os seres interajam e tomem decisões por si próprios, que se enquadrem nas regras comuns e que obedeçam aos mesmos princípios, a fim de que exista uma harmonia social, possibilitando a existência da justiça, da legalidade, do direito, dos direitos humanos etc. Isso significa que somente será possível viver em sociedade de maneira autêntica na medida em que a liberdade for existente, tornando os indivíduos mais do

---

[*] Graduação em Filosofia pela União Brasileira de Educação e Assistência (PUC-RS). Mestrado em Filosofia pela Pontifícia Universidade Católica do Rio Grande do Sul. Doutorando em Filosofia pela PUCRS na área de Ética e Filosofia Política. Professor na Faculdade da Serra Gaúcha, Caxias do Sul.

[1] O artigo pretende mostrar o conceito de liberdade para a discussão atual, partindo da história da filosofia e chegando à discussão liberalismo *versus* comunitarismo.

que simples partes da comunidade, mas agentes de decisão, participantes das decisões que politicamente transformam a vida de todos (Hegel, 1999).

Por que a liberdade é a pergunta fundamental da sociabilidade e da convivência em sociedade? Porque dela depende todo agir, todo pensar, todo modo de ser. Porque liberdade significa ir contra a escravidão, ir contra as injustiças e opressões que perseguem o espírito e a humanidade. Além disso, liberdade significa agir com responsabilidade e não se deixar enganar por mentiras ou incertezas, mas estabelecer um marco em vista da verdade (Bauman, 2000).

A liberdade é um conceito pessoal, mas jamais pode simplesmente depender de si, depende da relação com os outros, com a comunidade, visto que, como afirma Georg Hegel (1770-1831) na obra *Fenomenologia do espírito*, liberdade é ser reconhecido como livre na comunidade humana de outros seres livres que exigem ser reconhecidos como tal (1999, p. 21ss; 1990, §§ 261-265).

A pretensão deste trabalho é mostrar como a liberdade é um conceito-chave para a filosofia, partindo da vida, já que, mesmo que o medo dos sistemas totalitários e da censura das ideias esteja em certo sentido superado, outros medos estão surgindo que podem tornar o ser humano escravo ou dependente de ideologias. Portanto, apresentaremos os sentidos principais do conceito aceitos pelas ciências em geral, apresentando-os historicamente, finalizando com a discussão atual sobre a problemática e respondendo aos anseios vigentes.

Durante a história do conceito, a liberdade foi entendida em três principais sentidos, subdivididos entre si, mas de maneira geral trata de dois níveis: a liberdade de ação e a liberdade de pensamento (Mora, 2004).

A primeira concepção diz respeito à noção de liberdade como natural, ou seja, a partir de uma ordem estabelecida é possível subtrair a ação e agir de modo pretendido. Esta ordem pode ser entendida como destino ou como ordem da natureza em que, de algum modo, a natureza age sobre o mundo e determina os seus acontecimentos. Para os gregos, no entanto, agir conforme o destino era algo indiscutível, além de honroso, o que não procedia com aqueles – como Sócrates, filósofo grego que introduziu a discussão da liberdade de maneira filosófica – que tentavam ir contra a ordem estabelecida. Nesse sistema de mundo, ser livre não contava com grande significado, uma vez que a concepção social vigente afirmava que somente os que pertenciam à comunidade social e dela dependiam eram considerados dignos, uma vez que a autonomia era algo ainda a ser conquistado. A noção de *demiurgo* de Platão (427-347 a.C.) é uma teoria bem conhecida nesse aspecto: Platão afirma que um artesão, contemplando a beleza das ideias já existentes, tomou o material disponível e modelou-os a partir de um caos inicial. O conjunto dessa fabricação é o mundo, o qual apresenta uma ordem que sustenta a realidade (Platão, 2001,

p. 12s). Isso gera uma concepção de liberdade limitada, baseada no critério de continuidade da ordenação do demiurgo, o qual é essencialmente bom (Reale, 1994). Os que foram escolhidos pelo destino não realizam o que querem, mas são livres enquanto obedecem à ordem superior invisível, ou seja, como uma necessidade de agir conforme preceitos externos.

Em Platão, pode-se afirmar que a liberdade está representada como liberdade do pensamento de atingir o bem na condição de conhecimento das boas ações e das verdades de natureza imutável (Platão, 2001). No fim da república, para superar a crise da *polis*, Platão elabora a teorização da vitória da liberdade sobre o destino.

Dentro desta linha de percepção da liberdade como natural; outros autores afirmavam ser esta causada racionalmente por determinação dos elementos subjacentes à própria liberdade, visto que tudo o que já está na ordem da liberdade também pertence à ordem da razão. Nisso, Aristóteles (384-322 a.C.) é o autor que mais teve influência, a partir da noção de causa primeira, que deu início ao ciclo infindável da relação entre ato e potência. Essa teoria metafísica de Aristóteles é uma teoria de Deus ou do divino, que pretende explicar de modo geral a teoria da causa e do efeito, que teve enorme influência sobre a discussão da liberdade na filosofia moderna. A pretensão aristotélica era mostrar que agir racionalmente era agir livremente, porque tal ação estava diretamente ligada à causa (Aristóteles, 1970). Assim:

[...] o homem só é livre enquanto ser racional e disposto a atuar como ser racional, [...] é possível que tudo no cosmo esteja determinado, incluindo as vidas dos homens. Mas na medida em que estas vidas são racionais e têm consciência de que tudo está determinado, gozando liberdade (Mora, 1978, p. 120).

Em Aristóteles a concepção atingiu um nível elevado de compreensão, já que procura ordenar tanto a natureza como a moralidade mediante a inserção de uma teleologia, ou seja, a finalidade do ser humano tende a realizar ações voluntárias, sendo as ações involuntárias frutos de coação ou de ignorância. A liberdade está ligada à moralidade, ou seja, é preciso que a ação voluntária seja escolhida, enquanto a vontade tem de escolher mediante o uso da racionalidade, o que no fundo é resumido com o conceito de felicidade. Nessa concepção, há um paradoxo entre vontade, que pode ser entendida como uma tendência, e escolha; mantendo as duas em consonância, mas codependentes, concepção desenvolvida no seu escrito sobre a ética (Aristóteles, 2002).

Aristóteles objetou a teoria de Demócrito que diz que os átomos que se movem com a mesma velocidade em direção vertical nunca podem se encontrar. Supõe-se que Epicuro, para responder a essa objeção, forjou a doutrina a que Lucrécio chamou do *clinamen* ou inclinação dos átomos. Nesse contexto, consiste em supor que os átomos sofrem um pequeno desvio que lhes permite encontrar-se. O peso dos átomos os empurra para baixo; o desvio, o *clinamen,* permite-lhes mover-se noutras direções. Desse modo, considera-se o *clinamen* como a inserção da liberdade dentro de um mundo dominado pelo mecanicismo (Mora, 1978).

Após o período helenístico, a Idade Média apresentou diversas questões sobre a temática da liberdade, introduzindo a discussão aliada à questão teológica. Santo Agostinho (354-430), filósofo, distingue o conceito de liberdade e livre-arbítrio, sendo este ligado ao exercício da vontade, mas sem a graça de Deus a liberdade pode ser conduzida para o pecado. A liberdade, no entanto, significa o bom uso do livre-arbítrio, ou melhor, conduzir a vontade para o bem e, portanto, ser efetivamente livre (Agostinho, 1995). Santo Tomás de Aquino (1225-1274), filósofo e teólogo medieval, afirmou que liberdade é a tendência natural do próprio ser humano de agir de acordo com a vontade de Deus, ou seja, agir de acordo com o bem (Tomás de Aquino, 2002).

A segunda concepção de liberdade predominante ao longo da história está situada no âmbito do político, na medida em que se é livre para agir com autonomia numa comunidade humana, no sentido de reger o próprio destino sem interferência de outras comunidades, mantendo certa harmonia social. Na Idade Moderna, o debate iniciou-se sobre a aparente contradição entre necessidade e liberdade, ou seja, será que escolhas consideradas livres, implicitamente, não agiram conforme a necessidade de que assim fossem? Com o surgimento dos Estados Modernos, as questões sobre as devidas conciliações sobre imposições comuns válidas para todos, enquanto regras de ação e escolhas individuais, foram atingindo diversas interpretações. Muitos autores sustentaram opções contrárias defendendo ou um libertismo exagerado, ou um necessitarismo insano.

A terceira concepção de liberdade ao longo da história é entendida como pessoal, enquanto o indivíduo se dá o direito de se isolar da comunidade, a fim de que sua personalidade seja mais pessoal do que social. No entanto, tal concepção não foi tão influente como as demais.

O sentido de liberdade política foi desenvolvido de maneira mais significativa pela filosofia alemã a partir de Immanuel Kant (1724-1804), que instaurou a ideia de que o indivíduo somente é livre se agir de acordo com as máximas pessoais que são tomadas como padrão universal de ação. Esse desenvolvimento aconteceu de maneira significativa a partir da utilização do conceito de autonomia, iniciado por René Descartes (1596-1650) a partir da noção do *Cogito ergo sum* (Descartes, 1999) e exposto na filosofia prática kantiana, cujo resumo corresponde ao imperativo categórico, que consiste nesta máxima: "Procede apenas segundo aquela máxima, em virtude da qual podes querer, ao mesmo tempo, que ela se torne em lei universal" (Kant, 1964, p. 83). Esse imperativo inaugura o aspecto fundamental da associação de liberdade como autonomia, ou melhor, para que o sujeito seja livre ele precisa conhecer a lei que ele mesmo dá a si; concebida a partir da boa vontade, que se torna lei universal de conduta. A liberdade deixa de ser uma simples questão de escolha, mas uma decisão baseada no conhecimento das condições das ações (Pascal, 1985).

Desse modo, Kant deu um novo olhar sobre o debate ao afirmar que a liberdade estava sendo discutida em níveis iguais de atuação, o que era errôneo diante da concepção de que o mundo da natureza é diferente do mundo do *númeno*, que é reino do pensamento ou da moral. Kant separou as questões ao afirmar que, no que se refere ao mundo físico, o determinismo é a lei que rege as atividades humanas, porque é formado por leis físicas determinadas; enquanto no mundo do *númeno*, onde habitam os pensamentos, existe a liberdade como opção no universo da moralidade, visto que no mundo físico as causas não são baseadas na opção humana – que somente dá continuidade a estas –, enquanto na moralidade o ser humano pode escolher e se tornar causador da ação. Contudo, o autor afirma que somente é possível pensar a liberdade, jamais torná-la real no mundo físico, porque este é determinado por leis físicas intransponíveis. Kant assume que a liberdade é a chave-mestra de todo o edifício da razão pura, porque é por meio dela que é possível ao ser humano pensar de modo metafísico, indo além dos fenômenos e chegando às coisas mesmas.[1]

Johann Gottlieb Fichte (1762-1814), filósofo alemão, amplia essa concepção ao afirmar que tudo parte do eu, do sujeito pensante que constrói o mundo exterior. Ele exaltava a liberdade, porém

---

[1] Ver: KANT, Immanuel. *Crítica da razão pura*. Prefácio à segunda edição e introdução.

tendia a compreendê-la de modo um tanto abstrato, contrapondo unilateralmente a liberdade às exigências da comunidade. Desse modo, o eu que se apresenta como livre precisa sê-lo. A posição de Fichte sobre a liberdade está ligada à autoposição do sujeito em relação a si e ao que está fora dele, cuja existência real não é possível de ser aceita (Fichte, 1998).

Friedrich Wilhelm Joseph von Schelling (1775-1854), filósofo alemão, afirma que liberdade é pura e simplesmente a possibilidade de ser livre como fundamento absoluto. Este autor procurou mostrar que o objeto é construído a partir do sujeito, sendo que o objeto está associado diretamente ao desenvolvimento da autoconsciência, gerando, assim, a natureza como o mundo da liberdade, esta última enquanto trata do direito e do Estado (Schelling, 1991).

Georg Wilhelm Friedrich Hegel (1770-1831), filósofo alemão, construiu sua filosofia sobre o princípio da liberdade, mostrando a evolução desse conceito a partir da história, resumindo-a como a liberdade da ideia. Esta se liberta a si mesma desenvolvendo-se dialeticamente e vai em direção à autodeterminação, tendo o livre-arbítrio como um dos seus momentos de concretização. Essa noção não é simplesmente abstrata, mas age no mundo enquanto interage com os demais seres humanos dentro das instituições sociais na história. Em Hegel, a história é uma demonstração do conceito da liberdade, enquanto esta se apresenta como as condições existentes em cada sociedade, em cada época, que delimitam sempre o campo de possibilidades que se abrem tanto para a ação livre dos homens como para sua reflexão a respeito da livre afirmação do sujeito em face do objeto (Hegel, 1990).

Hegel esteve atento à sua época, uma vez que verificou que o modo como a história determina a natureza humana e as escolhas realizadas está diretamente ligado à efetivação da liberdade. Assim, a vontade de cada indivíduo precisa ser reconhecida pela razão, não como escolha particular, mas sim como escolha de validade universal. Ser livre é estar consciente dos direitos e deveres dentro das instituições sociais, já que nelas é que o indivíduo garante o seu espaço. Desse modo, verifica-se que cada um dispõe de um dever social de agir conforme o interesse de todos, constituindo uma comunidade racional, em que todos se tornam autolegisladores (Hegel, 1990).

Na Idade Contemporânea, Karl Marx (1818-1883), pensador alemão, inaugura o sentido de liberdade social ao afirmar que viver com liberdade é viver sem alienação. Surge, então, um sentimento de separação e de desânimo, um sentimento de afastamento, alienação e desapossamento. Pode-se usar o termo "alienação", num sentido muito geral, significando qualquer estado no qual uma realidade está fora de si em contraposição com o ser em si. Este último designa o estado de liberdade em sentido positivo, isto é, não como libertação de algo, mas como libertação para si mesmo, isto é, como autorrealização. A ideia de que o triunfo do proletariado introduzirá uma mudança radical e diferente das anteriores, em que pela primeira vez se procederá não à harmonia das classes sociais, mas à supressão das classes e ao advento da sociedade sem classes. Então o homem será definitivamente livre. Ter-se-á dado o "salto para a liberdade", ter-se-á cumprido de modo definitivo o processo para a liberdade em que a história consiste. Com a supressão das classes, suprimir-se-á também o Estado, que seria o instrumento de opressão das classes dominantes sobre as dominadas (Marx, 1988).

Na Idade Contemporânea, quanto à noção de liberdade, alguns autores da linha da filosofia analítica, como G. E. Moore (1873-1958) e J. L. Austin (1911-1960), definiram que existem várias expressões e usos para o termo liberdade e que, portanto, este problema não é reconhecido, por ser um conceito que apresenta diversas ideologias e tendências. Outro movimento em que muito se discute a questão é o existencialismo, em que a liberdade não é tratada como uma pergunta objetiva, uma vez que não se trata de saber se alguém é ou não livre, mas como saber o que é liberdade. Dentre os autores, Jean-Paul Sartre (1905-1980) afirma que só existe liberdade enquanto ação, enquanto esta é submetida à prova de escolha, sendo este o diferencial humano em relação aos demais animais. Para Sartre, o ser humano está condenado a ser livre uma vez que sua escolha é exigida em todas as situações, o que repercute em responsabilidade por cada ação realizada (1983). Sartre afirmava ainda que sua condição de existência exigia que fosse além das condições e motivações do ato, visto que o que resta é a liberdade, e desta não é possível se desprender (2005).

José Ortega y Gasset (1883-1955) afirma que a liberdade é uma condenação, um castigo, no sentido de que o indivíduo deve fazer escolhas como causa de si mesmo, escolhendo o que ele próprio vai causar, sejam frustrações ou sucessos (Ortega y Gasset, 1987).

A discussão sobre a liberdade, atualmente, centra-se na filosofia política, que procura responder a questões ligadas à convivência humana na esfera pública, além de estabelecer direitos e deveres para os participantes do grupo social, assegurando questões fundamentais para o desenvolvimento humano. Muitos autores ampliam a discussão da temática, afirmando que a noção de liberdade pensada não é suficientemente capaz de dar conta das exigências da globalização e dos direitos humanos. Diversos autores estudaram/estudam esta temática – como, por exemplo: John Rawls (1921-2002), com a sua *Teoria da Justiça*, e Jürgen Habermas (1929), com a sua *Ética do Agir Comunicativo*, além de diversas outras éticas que procuram responder à pergunta sobre o modo de vida, que fundamentalmente é uma discussão sobre o modo de realização da liberdade. É indispensável que a pergunta seja feita por qualquer ser humano que se intitule racional, pois é de sua natureza ser social (Aristóteles, 1970).

A liberdade como uma discussão filosófica é abrangente, entretanto, é facilmente perceptível no mundo factual com questões ligadas ao direito de ir e vir, o direito de se expressar, de tomar decisões sobre a religião a ser praticada, sobre o estado civil e também sobre a profissão a ser desempenhada. O conceito é abrangente e insaciável, já que é possível escolher sobre as mais diversas situações dispostas na sociedade. No entanto, tudo deve estar, de algum modo, enquadrado nas instâncias jurídicas, mesmo que, em alguns casos, seja possível realizar atos livres fora da lei, como no caso da noção de "desobediência civil" de John Rawls, em que, se uma lei for considerada injusta, ela não deve ser praticada (Rawls, 2002). Entretanto, mesmo com tal espaço de liberdade nem sempre ela se apresenta perceptível para todos, visto que a consciência de que é possível decidir sobre algo é fruto de uma reflexão abrangente, nem sempre presente na discussão cotidiana. O que é certo é que a percepção da falta da liberdade é mais visível do que a existência dela, e isso causa a indignação (Law, 2009).

Mesmo numa época em que a liberdade se torna um ideal a ser preservado a qualquer custo, mesmo que isto justifique invadir países e sacrificar vidas, ela precisa apresentar limites para a sua atuação, uma vez que liberdade não significa falta de limites, mas agir conforme a liberdade dos outros, tendo como ação fundamental a sua ação livre em consonância com as demais ações livres (Law, 2009). A liberdade absoluta só é devida aos ditadores, pois socialmente o seu avanço depende da manutenção das liberdades individuais em consonância com as ações da sociedade na forma de Estado (Abbagnano, 2000).

O liberalismo, uma grande corrente de pensamento sobre a liberdade, aponta que no mundo deve existir a diversidade e que o Estado deve defender a liberdade individual, jamais restringi-la, ou seja, o papel do Estado é assegurar o funcionamento de uma sociedade formada por indivíduos livres, em que as leis e regras devem ser executadas conforme este propósito. O princípio do dano, ou seja, o sujeito é livre enquanto não causa dano a outrem, é uma concepção plausível na questão da liberdade cotidiana.

O conceito acima utilizado é chamado de liberdade negativa, ou seja, as regras existentes são para conservar a liberdade, deixando sob a responsabilidade de cada um escrever o roteiro de sua vida. A função do Estado é garantir que o indivíduo possa fazer suas escolhas num universo de possibilidades; garantindo o campo aberto e não definir quais escolhas o indivíduo deve tomar, sendo, portanto, um Estado neutro. Esse ideal é seguindo por autores como John Stuart Mill (1806-1873), como uma afirmação clássica do liberalismo (Mill, 2000). O movimento liberal teve início com John Locke (1632-1704), filósofo inglês, cujas concepções de liberdade são condizentes com a noção de *natureza humana*, já que para ele os seres são iguais e livres em seu estado de natureza, sendo a sociedade uma união consensual, que é o resultado do desejo de evitar o estado natural, em que prevalece a violência de todos contra todos. A sociedade está fundada no consentimento livre, todavia apresenta questões indiscutivelmente naturais, como a existência, a propriedade e o trabalho. Essa noção vale para todos os seres humanos, pertencendo ou não a um estado (Locke, 2005). A teoria liberal gerou o padrão de comportamento das sociedades contemporâneas, as quais são caracterizadas como pluralistas, em que diferentes opções convivem numa mesma organização social. Outro padrão é a chamada economia de mercado, em que os indivíduos podem decidir e operar dentro do universo econômico, suprindo suas necessidades e defendendo os seus interesses. Cada um dos membros pode livremente determinar conforme as suas possibilidades, as suas posses. Esta liberdade negativa aplicada à teoria de mercado gera desigualdades sociais, visto que os indivíduos, necessariamente, precisam combater entre si, gerando diferenças quanto às posses dos bens (Flickinger, 2003).

De outro lado, a temática da liberdade positiva é conhecida pelo movimento comunitarista, que afirma que o bem comum deve ser anterior aos direitos e liberdades individuais, a saber, mesmo que alguém queira sair de carro, pode fazê-lo quando achar conveniente, porém isto gera, em grandes cidades, fenômenos como os congestionamentos e a poluição. A proposta comunitarista considera justificada a limitação da liberdade individual em vista da comunidade. Essa concepção entra na esfera do político, ou seja, antes de pensar em liberdades individuais é preciso ter em mente que os indivíduos são seres sociais, e que as decisões não devem ser tomadas individualmente, sem levar em conta todos os interesses coletivos (Law, 2009).

As duas concepções citadas resumem a forma como a liberdade é pensada na atualidade, sendo que as críticas são aplicadas aos dois movimentos: de um lado, os liberais acusam os comunitaristas de coação das decisões; de outro lado, os comunitaristas acusam os liberais de estimular a defesa dos direitos individuais desprezando o bem comum. As duas concepções defendem aspectos importantes da liberdade, mas conjugadas poderiam responder melhor ao dilema "social *versus* individual". A primeira concepção garante que as decisões devam ser tomadas politicamente a partir das possibilidades de todos e, por outro lado, a segunda concepção garante que os indivíduos possam escolher quando existem decisões que podem se tornar ditatoriais (Law, 2009).

Não obstante, a liberdade tem de ser tomada muito além das duas concepções determinadas – comunitarista e liberal –, uma vez que sua acepção não deve ser entendida simplesmente como decidir entre isto ou aquilo, mas deve estar baseada na reflexão sobre as consequências da ação, já que o desejo pode ser influenciado diretamente pela sociedade, tal como ocorre com a indústria do consumo, que abre precedentes sobre a real liberdade de escolha ou compra de produtos como satisfação psicológica e social. O conceito de liberdade está diretamente ligado ao conceito de responsabilidade, isto porque alguns atos humanos podem livremente destruir a vida no planeta (Jonas, 2006).

A concepção de liberdade positiva – ou seja, a teoria de que a liberdade deve ser analisada de maneira mais abrangente, como liberdade social, em que questões sobre a pobreza, a ignorância, a desigualdade social, o consumismo e todas as questões problemáticas do ponto de vista político sejam contempladas – é o futuro da discussão sobre o tema, além de ser indispensável para a tarefa da filosofia, que é de algum modo mostrar pensamentos e reflexões que ajudem os seres humanos a tomar melhor as suas decisões. A liberdade simplesmente individual não contempla os deveres para com a sociedade, tais como a discussão ambiental/ ecológica. Numa sociedade genuinamente livre, os cidadãos assumem a responsabilidade de promover a liberdade social, concepção defendida por autores ao longo da história da filosofia, tais como os já citados Hegel, Marx e Rawls.

Diante desta discussão, qual será o futuro da liberdade? A resposta mais adequada deve de alguma maneira partir da reflexão filosófica que tende a ampliar o conceito de liberdade não só como escolha, mas também como discernimento, responsabilidade, empatia, sem esquecer o aspecto da liberdade individual, sendo até mesmo considerada fora do padrão, mas socialmente aceita como livre. Não obstante, a discussão sobre a liberdade no mercado econômico deve ser revista para se enquadrar numa posição mais abrangente. Assim, será preciso gerar um equilíbrio entre a posse de riquezas ou a liberdade de conquistá-las e a redistribuição das riquezas de maneira mais eficiente.

A pergunta pela liberdade deve ser constantemente refeita por todos os envolvidos na sociedade, pois talvez nem sempre a resposta mais adequada seja dita, mas a pergunta permanece constante, sobre o que realmente significa este ideal humano que todos querem ter, mas nem todos conseguem alcançar.

Referências

ABBAGNANO, Nicola. *Dicionário de filosofia*. 4. ed. São Paulo: Martins Fontes, 2000.

AGOSTINHO. *O livre-arbítrio*. São Paulo: Paulus, 1995.

ARISTÓTELES. *Ética a Nicômaco*. São Paulo: Edipro, 2002.

_____. *Metafísica de Aristóteles*. Madrid: Gredos, 1970.

BAUMAN, Zygmunt. *Em busca da política*. Rio de Janeiro: Jorge Zahar, 2000.

DESCARTES, René. *Discurso do método*. São Paulo: Nova Cultural, 1999.

FICHTE, Johann Gottlieb. *Sobre la esencia del sabio y sus manifestaciones en el dominio de la libertad*. Madrid: Tecnos, 1998.

FLICKINGER, H. *Em nome da liberdade*. Porto Alegre: Edipucrs, 2003.

HEGEL, Georg Wilhelm Friedrich. *Fenomenologia do espírito*. 4. ed. Petrópolis: Vozes, 1999.

_____. *Princípios da filosofia do direito*. 4. ed. Lisboa: Guimarães, 1990.

JONAS, Hans. *O princípio responsabilidade;* ensaio de uma ética para a civilização tecnológica. Rio de Janeiro: Contraponto, 2006.

KANT, Immanuel. *Crítica da razão pura*. 5. ed. Lisboa: FCG, 2001.

_____. *Fundamentação da metafísica dos costumes*. São Paulo: Companhia Editora Nacional, 1964.

LAW, Stephen. *Guia ilustrado Zahar;* filosofia. 2. ed. Rio de Janeiro: Jorge Zahar, 2009.

LOCKE, John. *Dois tratados sobre o governo*. 2. ed. São Paulo: Martins Fontes, 2005.

MARX, Karl. *O capital:* crítica da economia política. 3. ed. São Paulo: Nova Cultural, 1988. 6 v. (Coleção Os Economistas).

MILL, John Stuart. *Sobre a liberdade*. 2. ed. Petrópolis: Vozes, 1991.

MORA, Ferrater. *Dicionário de filosofia*. 2. ed. São Paulo: Loyola, 2004.

ORTEGA Y GASSET, José. *A rebelião das massas.* Rio de Janeiro: Martins Fontes, 1987.

PASCAL, Georges. *O pensamento de Kant.* 2. ed. Petrópolis: Vozes, 1985.

PLATÃO. *Timeu.* 3. ed. Belém: UFPA, 2001.

RAWLS, John. *Uma teoria da justiça.* 2. ed. São Paulo: Martins Fontes, 2002.

REALE, Giovanni. *História da filosofia antiga.* São Paulo: Loyola, 1994.

SARTRE, Jean-Paul. *A idade da razão.* Os caminhos da liberdade. 3. ed. Rio de Janeiro: Nova Fronteira, 1983.

_____. *O ser e o nada.* Ensaio de ontologia fenomenológica. 13. ed. Petrópolis: Vozes, 2005.

SCHELLING, Friedrich Wilhelm Joseph. *A essência da liberdade humana;* investigações filosóficas sobre a essência da liberdade humana e das questões conexas. Petrópolis: Vozes, 1991.

TOMÁS DE AQUINO. *Suma teológica.* São Paulo: Loyola, 2002.

Flávia Brocchetto Ramos*

Por que a literatura?

> "[...] a literatura é capaz de erigir uma realidade mais duradoura que a carne e a pedra [...]"
>
> "[...] os leitores [...] querem palavras para dar nomes às benesses da paz, mas também à confusão, à destruição e ao destempero provocado por nossas ambições."
>
> (Alberto Manguel)

Escrever um texto que discorra sobre o porquê da literatura é um desafio e, ao mesmo tempo, um convite que não pode ser recusado, já que as oportunidades de discorrer sobre a palavra simbólica na vida dos seres humanos são escassas e não podem ser desperdiçadas. Acredito que a literatura é uma necessidade humana, ainda que, como disciplina, tenha seu espaço cada vez mais diminuído no ambiente escolar. As relações entre literatura e escola são antigas, porém tumultuadas. Por muito tempo o texto literário teve primazia no ambiente escolar, sendo o modelo a ser estudado como exemplo de escrita correta. Hoje,

---

* Graduação em Letras pela Universidade Caxias do Sul. Doutorado e mestrado pela Pontifícia Universidade Católica do Rio Grande do Sul. Professora no Programa de Pós-Graduação em Educação, Mestrado, da Universidade de Caxias do Sul.

com a tendência de estudar os diversos gêneros que circulam na sociedade, os textos literários estão cedendo espaço a gêneros cuja existência é mais fugaz e pragmática. Penso, no entanto, que aquela palavra capaz de fundar mundos e crenças com existência mais sólida do que as geradas pela carne e pela pedra, como aponta a epígrafe, precisa abrir fendas para entrar, dialogar e repercutir na contemporaneidade.

Por que literatura hoje? Para seguir tal reflexão, reporto-me a um texto muito presente na sociedade contemporânea. Trata-se da *Declaração Universal dos Direitos Humanos*, publicada em 10 de dezembro de 1948 pela Assembleia Geral das Nações Unidas. O documento apresenta orientações que visam à promoção da dignidade humana, haja vista muitos ainda viverem em condições subumanas. São trinta artigos que tentam garantir condições mínimas para a sobrevivência humana. O artigo XXV, por exemplo, destaca que "toda pessoa tem direito a um padrão de vida capaz de assegurar a si e a sua família saúde e bem-estar, inclusive alimentação, vestuário, habitação, cuidados médicos e os serviços sociais indispensáveis, [...]".

Sobre direitos humanos, Antonio Candido (1995) registra que, de um modo geral, a sociedade não nega o direito do próximo a coisas que não podem ser negadas a ninguém, os ditos "bens incompressíveis", como é o caso de casa, comida, saúde e instrução. No entanto, essas mesmas pessoas, que apontam como fundamentais os bens citados acima, parecem estar desatentas ao fato de que seu semelhante também tem direito à arte. Todos têm o direito a ler Dostoievski ou a ouvir Beethoven, exemplos citados no próprio texto de Candido. O autor aponta que devemos ter o cuidado de considerar os direitos dos semelhantes na mesma relação dos nossos, ou seja, considerar que aquilo que é essencial para nós também o é para os outros. Se algumas crianças podem ler uma boa adaptação da *Odisseia*, outras que pertencem a grupos sociais distintos também deveriam poder acessar tal enredo.

A postura de Antonio Candido insere outros bens como "bens incompressíveis" – aqueles que garantem, além da sobrevivência física, a integridade espiritual: direito à crença, à opinião, ao lazer, à arte e *à literatura*. O valor atribuído à literatura dependerá da necessidade que as pessoas têm dela. Porém a necessidade de algo surge do conhecer esse algo. Como terei necessidade de música clássica se ignoro o gênero?

No que se refere à literatura, objeto de estudo deste texto, cabe destacar que, de acordo com a concepção de Candido, essa manifestação artística compreende desde as criações populares, como mitos e lendas, até as eruditas, entre outras manifestações universais. Não há homem que possa viver sem fabulação, sem invenção, sem a criação de histórias. Desse modo, a fabulação é vista como uma necessidade universal a ser satisfeita, ou seja, todos têm a necessidade e o direito à literatura.

A literatura é, pois, fator indispensável de humanização, pois permite que os sentimentos passem de simples emoção para uma forma mais concreta, uma vez que são experienciados pelo leitor. A literatura confirma, assim, o homem na sua humanidade, atuando na memória coletiva da sociedade. Talvez, sem as criações verbais – poéticas ou prosaicas – não haja equilíbrio social. Na história da humanidade, a literatura tem sido importante instrumento para a instrução e para a educação. Os seus efeitos são devidos, em especial, às suas três faces: construção, expressão e forma de conhecimento. Explico: o homem que enuncia, que cria o fenômeno literário, constrói um mundo à parte, similar ao real, baseado no real mas permeado por elementos da imaginação. Em síntese, apresenta uma proposta de organização para o seu entorno. Após construir, esse fenômeno é expressado, ou seja, é dado ao público, seja por meio da palavra oralizada, como os mitos indígenas, seja por meio das encenações das comédias e tragédias gregas, as quais, ainda antes de Cristo, revelam anseios humanos. Mais tarde, tais conflitos passaram a ser dados ao público por meio da publicação de obras que, embora criadas e escritas há muito tempo, ainda continuam nos inquietando, como, por exemplo, *Dom Quixote de La Mancha*, de Cervantes.

Inicialmente, muitas fabulações, através da oralidade, tornaram-se referência na história da humanidade. Basta vermos o impacto que textos como as tragédias gregas – antes orais e depois escritas – continuam provocando nos leitores. Se esses textos sintetizam a natureza humana com os seus conflitos, então revelam uma concepção de homem e ajudam-no a entender-se e a entender o seu entorno. Desse modo, um texto literário é capaz de nos impressionar quando ocorre uma aproximação entre a proposta do texto, sua organização, a mensagem veiculada e as inquietações do leitor ou ouvinte.

A literatura pode nos humanizar, na medida em que nos torna mais compreensivos e abertos para a natureza, a sociedade e o semelhante. Algumas produções literárias expressam a posição que seus autores assumem diante de determinados problemas, resultando em uma manifestação empenhada numa mensagem ética, política, religiosa ou social. É inegável a força que se deve dar à literatura em relação ao que chamamos de direitos humanos, pois ela pode propiciar a reflexão sobre questões que talvez não consigamos tratar racionalmente, como, por exemplo, a relatividade da verdade, o desejo da estabilidade afetiva ou econômica e a compreensão das singularidades de cada pessoa. Tais temas são alguns dos objetos de reflexão da literatura, logo estão contidos no seu vasto acervo, seja popular, seja erudito.

Causos, contos, lendas, chistes e cantigas são exemplos de manifestações literárias, conforme enfatiza Antonio Candido. Tais textos, independente da natureza, popular ou erudita, contêm uma sabedoria popular, mesmo que muitas vezes não sejam percebidos pelo ouvinte. No caso da canção *A barata*, repetida inúmeras vezes pelas crianças e também por adultos, subjaz uma questão que permeia a existência humana e que também é expressa pelo personagem Hamlet, de Shakespeare: Quem sou eu? Qual é a minha identidade? Sou isso ou aquilo, ou ainda há outra possibilidade, ou sou o conjunto de todas as possibilidades? Vou explicar: a canção diz, na primeira estrofe: "A barata diz que tem sete saias de filó/É mentira da barata, ela tem é uma só/Ah ra ra, iá ro ró, ela tem é uma só!". Na segunda, o tema é mantido: "A barata diz que tem um sapato de veludo/É mentira da barata, o pé dela é peludo/Ah ra ra, lu ru ru, o pé dela é peludo!". Essa proposta se estende às demais estrofes. Afinal, a barata é quem ela diz que é, ou a barata é como os outros a apresentam? Ou, ainda, seria a barata diferente de como ela se apresenta e de como a apresentam? Essas são questões que nos acompanham por toda a vida. Desde cedo, a criança se debate entre o como ela se vê, o como os pais a veem, o como a professora a define etc. A sábia canção não responde o dilema, assim como a vida também não o responde. Cada ser convive com os múltiplos olhares que lhe são atribuídos e se constitui único, singular, justamente nessa diversidade.

Afastando-se dessa cantiga, mas ainda tendo como palco a cultura popular, foco um conto que foi muito repetido e sofreu inumeras alterações. Trata-se de *Dona Baratinha*, que no Brasil tornou-se conhecido a partir de uma coletânea organizada por Figueiredo Pimentel (1992). Na história, dona Baratinha recebe uma herança e resolve buscar um noivo entre os vários animais que conhece. Após várias tentativas, encontra um ratinho que lhe parece o parceiro ideal. Como tinha dinheiro, planeja e organiza uma grande cerimônia para seu casamento. Tudo estava muito bem. O problema é que, enquanto dona Baratinha espera o noivo na igreja, o ratinho não resiste ao cheiro de toucinho cozinhando na feijoada e a gula o leva à panela, onde acaba caindo e morrendo. A noiva, cansada de esperar, volta para casa e, ao ir desfazendo os preparativos da festa, encontra o futuro marido boiando na panela. Qual é a dor de dona Baratinha? Como é a dor da personagem? Quem já não sentiu uma dor como essa vivida por dona Baratinha e expressa nessa narrativa? Lembro de meus alunos de segunda série do Ensino Fundamental, na década de 1990, discorrendo sobre a dor sentida quando morreu seu pássaro, seu gato, seu cão. Ou quando a mãe ou o pai partiram. O conflito da protagonista estende-se aos leitores ou ouvintes e fica reverberando no receptor da história. Seria esse um dos motivos para a história sobreviver oralmente por tantos anos? Seria esse o motivo para esse conflito ainda continuar vivo no nosso imaginário?

Atualmente, a difusão da literatura erudita é garantida a poucos e só seria acessível a todos em uma sociedade igualitária. O maior obstáculo à democratização da leitura não é a incapacidade de compreensão por parte da população, mas sim a falta de condições de acesso a esse tipo de arte. Em suma, é relevante considerar que as produções literárias, em geral, enriquecem nossa percepção e visão de mundo, e é justamente por este fator, entre outros, que o acesso a elas deve ser garantido a todas as camadas sociais.

Por que o clássico?

Muitas são as publicações disponíveis no mercado editorial e também nas livrarias. Surge, então, a questão: o que ler entre tantas obras? Grandes leitores orientam que devemos investir nos clássicos. Entendemos por clássicos aquelas obras que muito repercutem entre os leitores, aqueles textos que sobrevivem, ultrapassam barreiras temporais ou espaciais e continuam sendo lidos muito tempo após a sua primeira edição. Entre os clássicos que estão vivos destaco, por exemplo, aquelas obras fundadoras da literatura grega: as tragédias de Sófocles e de Eurípedes e ainda as epopeias de Homero, como *Ilíada* e *Odisseia*.

Por que tragédias como *Édipo Rei* e *Antígone* continuam sendo atuais? Por que ainda nos interessam? Como entender as relações fraternais após a leitura de *Antígone*? Como pensar a relação consigo mesmo e com os outros: a partir das suas crenças ou a partir das imposições sociais?

Entre os clássicos podem ser escolhidos gêneros de natureza predominantemente dramática, prosaica ou poética. Para esta breve reflexão, escolho o prosaico e, recortando ainda mais, elejo o conto. Ao pensar o conto, poderia optar pelo popular ou maravilhoso, em virtude de já ter sido amplamente testado pelos múltiplos ouvintes, fato que lhe garantiu ultrapassar barreiras temporais. Opto, no entanto, pelo denominado erudito ou literário, de acordo com classificação de Salvatore D'Onofrio (2006), apesar de eu também considerar o conto popular como um texto literário, assim como Antonio Candido aponta. Na verdade, a classificação parece estar mais relacionada à autoria dessas narrativas do que a qualidades artísticas. Enquanto as de origem popular são oriundas de uma coletividade, sendo impossível precisar seu nascimento, as consideradas eruditas ou literárias têm um autor identificado. Além da autoria explicitada, o conto literário "refere-se a um episódio da vida real, não verdadeiro porque ficcional, mas verossímil" (2006, p. 121). Esses contos, vistos como narrativas breves, atêm-se ao real, pois objetivam contestar valores sociais, e não idealizá-los ou reafirmá-los. Predomina nesses textos um único conflito, centrado no narrador ou numa personagem (em geral, esses textos possuem poucas personagens, na maioria três, constituindo um triângulo). O espaço é reduzido, geralmente, a um ou dois ambientes, e o tempo também é restrito. Quando há descrições e reflexões, geralmente são breves e pontuais, já que estão a serviço de um dos elementos estruturais do gênero (2006, p. 121).

O enxugamento de aspectos estruturais confere unidade e densidade dramática ao gênero. D'Onofrio afirma que o contista "tem uma ideia fundamental a expressar. Inventa, então, uma pequena história vivida por algumas personagens, cujo desfecho leva o leitor a deduzir a parcela de sentidos do mundo que a narrativa encerra" (p. 121). O conto erudito tem vasta tradição cultural: na Antiguidade, destacam-se as Sagradas Escrituras cristãs (filho pródigo, Salomé, Judite), e o *Asno de ouro*, de Apuleio. Na Baixa

Idade Média, o gênero encontra expressão com *Decameron*, de Boccaccio. A criação do conto breve, "forma mais apta a expressar a intensidade dramática" (D'Onofrio, p. 122), conhecida antes por *short story*, é de Edgar Allan Poe. O escritor norte-americano inventa o conto policial, inaugurado pela obra *Os crimes da rua Morgue*. Com o Realismo ocorre a consagração da narrativa curta, período no qual se destacam Maupassant, Tchekhov, Eça de Queirós e Machado de Assis, entre outros.

Ao dar seguimento à discussão acerca da importância da literatura na formação do ser humano, elejo pensar em Anton Tchekhov (1860-1904). Escritor russo de origem humilde, Tchekhov trabalhava de manhã à noite na venda do pai. Quando tinha 16 anos, o pai faliu e a família transferiu-se para Moscou, onde viveu com muita dificuldade. O jovem permaneceu na cidade natal, onde ministrou aulas particulares para sobreviver, até concluir o curso secundário, posteriormente indo viver com a família em Moscou para estudar medicina. Exerceu a profissão de médico de 1884 a 1897. Afirmava que a "medicina era sua esposa legítima, enquanto a literatura seria a amante" (Nota biográfica, p. 9).[1] Em 1898, casou-se com uma célebre atriz do teatro russo e, em 1904, atacado pela tuberculose, morreu na Alemanha, para onde fora em busca de melhora em seu estado de saúde. Tinha, então, 44 anos.

---

[1] Os dados biográficos de Tchekhov presentes neste artigo partem de informações presentes na Nota Biográfica, da obra *A dama do cachorrinho e outros contos*, cuja tradução e seleção de contos esteve a cargo de Boris Schnaiderman (São Paulo: Editora 34, 1999).

De acordo com D'Onofrio (2004), há indícios de que a profissão de médico proporcionou ao escritor um profundo conhecimento das singularidades da vida e do ser humano. Sua obra, tanto a dramática como a narrativa, está "impregnada de um velado ceticismo perante o espetáculo da vida" (2004, p. 399). Tchekhov intensifica o emprego da ironia para descrever aspectos do humano presentes no convívio social, como a crueldade, a estupidez e a indiferença.

Tchekhov é um dos mestres do conto da literatura ocidental e, em virtude do papel que desempenha na formação do leitor literário, foi escolhido para esta reflexão sobre os efeitos da literatura no humano. Para exemplificar o processo de raciocínio, escolho três contos: *A dama do cachorrinho*, *Pamonha* e *Bilhete premiado*.

Em *A dama do cachorrinho*, o leitor depara-se, em princípio, como uma história de traição como muitas outras. Entretanto, refletir sobre o que é peculiar nessa narrativa, ainda presente no nosso imaginário, é uma questão intrigante. A história contada, de cunho realista, envolve aspectos da vida de Dmítri Gurov e Anna Serguêievna. Ele é um homem próximo dos quarenta anos, bancário, formado em filologia, casado desde a mocidade, pai de três adolescentes, sedutor e adúltero há tempos, e afirma odiar as mulheres como uma estratégia para disfarçar seu encantamento por elas. Em síntese, alguém entediado com sua existência. Anna também se sente solitária e aborrecida, mas ainda é jovem. Loira, baixa, de classe média e religião ortodoxa por causa do esposo, Anna tem um forte senso moral, apesar de não concordar com alguns valores da sociedade. De fato, Anna está em busca da felicidade desde os tempos do casamento, realizado ainda na juventude, na esperança de ser mais feliz, de "encontrar algo melhor" (p. 320). Quando Dmítri passeia na rua, próximo à praia, conhece Anna. Gosta dela e apodera-se dele "a ideia tentadora de uma ligação fulminante, de um romance com uma mulher desconhecida" (p. 316). O pretexto para iniciar a conversa entre ambos é um lulu, cachorrinho que está com Anna. Logo surge a complicação: ambos começam a se relacionar intimamente, mas ela se sente culpada e embaraçada diante dele, enquanto o sedutor, por sua vez, fica encantado com o jeito de "mulher correta, ingênua, que vivera pouco" expresso pela amante (p. 319). A situação se altera, porque Anna decide voltar para sua cidade. No entanto, eles não conseguem parar de pensar um no outro e ele vai até a cidade dela, planejando encontrá-la num espetáculo que vai ocorrer. No anfiteatro, encontra-a e a beija em público, ignorando possíveis consequências. Para que tudo isso ocorra, embora o narrador não alerte, Dmítri põe em ação suas estratégias de sedutor. O desfecho do conto revela a forma que encontram para manter os encontros ocasionais e, ao mesmo tempo, preservar suas uniões antigas: a cada dois ou três meses, Anna dizia ao marido que ia ao médico em outra cidade como pretexto para se encontrar com Dmítri. Contudo, a solução encontrada não traz estabilidade às personagens, uma vez que a tensão emocional continua.

O sentimento de tédio em relação ao casamento (ou talvez à existência) marca as duas personagens, que buscam uma relação extraconjugal como um sinal de que continuam vivos, ignorando suas famílias. O conto aproxima duas personagens bem distintas, mas muito comuns: um sedutor convicto e uma mulher melancólica. O conflito parece ser um enigma, pois Anna está apaixonada, mas quanto a Gurov não se tem entendimento sobre seus sentimentos. O narrador mostra o conflito com distanciamento, de modo que, embora não nos falte informação, falta-nos capacidade de discernir e julgar.

O leitor não sabe se pode confiar em Gurov quando diz estar apaixonado. Anna desde o início da narrativa mostra-se entediada e, ao aproximar-se de Gurov, parece melancólica, ao contrário do parceiro, que se apresenta feliz e exultante. Harold Bloom afirma que o conto "é de um universalismo estranho e lacônico" (p. 37) e que o leitor pode simpatizar ou não com alguns personagens. Em *A dama do cachorrinho*, o leitor pode se irritar com Gurov e desejar que Anna pare de chorar, mas ao mesmo tempo não pode evitar o sofrimento, pois também é assim a história de nossa vida.

Em síntese, por trás de um enredo aparentemente conhecido o conto propõe várias questões. Entre elas, destaco a dicotomia entre essência e aparência, explicitada a partir de reflexões presentes na narrativa, como:

> tudo é belo neste mundo, tudo, com exceção do que nós mesmos pensamos e fazemos, quando nos esquecemos dos objetivos elevados da existência e de nossa própria dignidade humana (p. 321). As ocupações desnecessárias e as conversas invariáveis ocupavam a melhor parte do tempo, as melhores energias e, por fim, sobrava apenas uma vida absurda, sem asas, uma mixórdia qualquer, da qual não se podia fugir, como se estivesse num manicômio ou numa prisão! (p. 326).

O arriscar-se como uma alternativa para testar sua existência pode ser depreendido da necessidade de manter-se vivo. Ou ainda: o amor como uma busca de sentido para a vida, como uma forma de se encontrar e se completar no outro. Enfim, o caráter fragmentário do conto e a ausência de um desfecho explícito colocam o leitor numa posição de coautor, que ao ler reconstrói a ação dos dois amantes a partir de suas expectativas.

Mantendo a tendência de que o conto é uma narrativa breve e constituída por poucas personagens, elejo outro conto do autor, *Pamonha*, cujo conflito se passa no escritório de uma casa de classe média ou alta, entre a governanta Iúlia Vassílievna – resignada e tímida (anti-heroína) – e o patrão – astuto e seguro –, visto como antagonista. A história mostra que o patrão chama a governanta para efetuar o pagamento do salário relativo ao mês trabalhado. No entanto, impõe-lhe uma complicação que se efetiva, em virtude de inventar dívidas, as quais vão, progressivamente, sendo descontadas do salário, até sobrarem apenas onze dos oitenta rublos a que a senhora teria direito a receber. Contudo, a empregada aceita a exposição e não o contesta. O patrão fica admirado com tamanha resignação e explica que a argumentação exposta foi apenas uma tentativa de ensinar-lhe a lição de que não se deve aceitar tudo passivamente. Ela afirma que não reclamou porque em outras casas era pior, pois já havia chegado a não receber nada pelos trabalhos realizados. No desfecho da história, a governanta esboça um sorriso e agradece. Ele fica surpreso e pensa: "É fácil ser forte neste mundo" (p. 27). Observamos que a ausência de nomes atribuídos às personagens propicia uma generalização do conflito, que pode ser estendido a diferentes culturas, condições sociais ou épocas.

O conto mostra uma história breve e simples. No entanto, subjaz a ela um conflito humano, através do qual podem ser pensadas questões como a passividade e a submissão em que vivemos nas diversas instâncias da sociedade, como, por exemplo, diante dos desmandos dos governos na cobrança de taxas e impostos.

As relações familiares entre marido e mulher são apresentadas no conto *Bilhete premiado*. Nessa narrativa, os personagens centrais são Ivan Dmitritch – homem de classe média, sonhador, impulsivo, rancoroso (anti-herói) – e sua esposa Mária, cuja personalidade, ao contrário de Ivan, tende a ser mais realista. A duração do conflito não é explicitada, mas parece breve. No entanto, sua brevidade não ameniza a dimensão do problema.

Inicialmente, o narrador contextualiza a ação ao focalizar Ivan lendo o jornal para conferir o número do bilhete premiado. A complicação vem logo a seguir, pois o primeiro número coincide, deixando Ivan deslumbrado a ponto de se esquecer de ver o outro número. Ivan, como sonhador que é, adia a confirmação, começa a pensar no que faria com o prêmio e, ao viver a possibilidade de usufruir do prêmio, se entedia com sua vida atual, com a mulher e com os amigos, os quais passam a ser caracterizados como "gente ridícula, desprezível! Se receberem algo, logo pedem mais; e se a gente recusar, vão maldizer, rogar pragas, desejar-nos todas as desgraças possíveis [...] é uma gentalha!"(p. 159). Opondo-se à situação de evasão vivida por Ivan, Mária descobre que um dos números estava errado. O sonhador fica com muita raiva da esposa e grita que "será preciso deixar esta casa, diabo que me carregue. Vou-me embora, para me enforcar na primeira árvore" (p. 160), transferindo a ela a culpa por não ter sido premiado.

O narrador em terceira pessoa coloca as duas personagens na casa onde vivem, mais especificamente na sala, e de lá estabelece vínculos com o mundo exterior por meio da imaginação. A partir da narrativa, o leitor pode refletir, entre outros aspectos, sobre os efeitos do imaginário nas ações das pessoas: agem desprezando o real, priorizando o que poderia acontecer. Criam, pois, realidades inventadas, meramente hipotéticas. O egoísmo também pode ser notado no comportamento do protagonista, que, ao perceber uma possibilidade de sair da situação-problema, logo pensa em afastar-se daqueles com quem reparte suas agruras.

Como o leitor pode se posicionar diante de um texto, seja ele popular, seja erudito? Qual é o lugar do leitor no texto literário? Os contos citados neste artigo apontam respostas sobre as questões colocadas? Eles revelam anseios do leitor? Eles apontam soluções para os problemas? Pelo contrário: os textos convidam o leitor a pensar sobre a natureza humana. No caso dos contos de Tchekhov, o desfecho das narrativas é nebuloso, ou melhor, inexistente, já que não há desfecho, assim como o *continuum* da existência humana. As histórias que nos fazem pensar não apresentam soluções explícitas para nossos conflitos. Pelo contrário, elas nos fazem pensar sobre nossa natureza. Assim são os contos de Tchekhov.

Independente da origem das fabulações, se elas sobrevivem ao tempo por meio da interação entre as pessoas é porque contribuem para discutir a existência humana, contribuem para pensar o papel do ser humano na sociedade, enfim, contribuem para alargar o nosso entendimento sobre a nossa humanidade. E as narrativas literárias estão presentes em diversos grupos sociais, em vários tempos e lugares, começando com a própria história da humanidade: tudo o que se conta é narrativo, da conversa com os amigos ao filme que se vê, da receita da cozinha ao diário. O homem conta seu entorno e a si próprio. O ser humano vive imerso em estruturas narrativas, já que a história de nossa vida, conforme afirma Larrosa (2003), depende do conjunto de histórias que já lemos, vimos ou ouvimos, pois é a partir delas que aprendemos a construir a nossa história, a nossa vida. O leitor interage com narrativas como *Contos da carochinha* e também com histórias como *A dama do cachorrinho*. Tudo isso nos constitui como seres humanos, como seres simbólicos que somos.

Referências bibliográficas

CANDIDO, Antonio. O direito à literatura. In: *Vários escritos*. 3. ed. São Paulo: Duas Cidades, 1995.

DECLARAÇÃO UNIVERSAL DOS DIREITOS HUMANOS. Disponível em: <http://www.mj.gov.br/sedh/ct/legis_intern/ddh_bib_inter_universal.htm>. Acesso em 20 maio 2009.

D'ONOFRIO, Salvatore. *Literatura ocidental;* autores e obras fundamentais. 2. ed. São Paulo: Ática, 2004.

_____. *Teoria da texto 1;* prolegômenos e teoria da narrativa. 2. ed. São Paulo: Ática, 2006.

LARROSA, Jorge. *La experiencia de la lectura;* estudios sobre literatura y formación. 2. ed., rev. y aum. México: Fondo de Cultura Económica, 2003.

PIMENTEL, Figueiredo. *Contos da carochinha*. Rio de Janeiro: Garnier, 1992.

TCHEKHOV, Anton Pavlovitch. *A dama do cachorrinho e outros contos*. Tradução de Boris Schnaiderman. São Paulo: Editora 34, 1999.

Paulo Tiago Cardoso Campos*

Por que a economia?

A questão que dá título ao presente texto necessita de esclarecimento preliminar. Antes de respondê-la, talvez o caminho mais "econômico" seja mostrar *o que é economia*, o que faz essa disciplina existir e fazer sentido. Quais questões do mundo contemporâneo podem ser respondidas sob sua ótica, que relação pode ser estabelecida entre ela e, por exemplo, a educação e o papel do Estado? São amplas as questões? Sim, porque é amplo o espectro do estudo econômico. E o raciocínio econômico é mais presente no nosso dia a dia do que quiçá podemos nos dar conta. Depois de pinçar e sugerir *insights* quanto a tudo isso, podemos sugerir uma atitude de pensar *por que economia*.

Economia significa administração (*nomos*) da casa (*ecos*). Foi um termo cunhado por Xenofonte (430-354 a.C.) como uma reflexão acerca da economia doméstica ou de como conduzir adequadamente os recursos da casa. Antes desse ilustre filósofo, pode ser entendido como escrito econômico o poema *Os trabalhos e os dias*, de Hesíodo, em que a questão da escassez (principal pressuposto da economia) já aparece como o

---

* Graduação em Ciências Contábeis pela Universidade de Caxias do Sul. Mestrado em Economia pela Universidade Federal do Rio Grande do Sul. Professor do Curso de Ciências Contábeis da Universidade de Caxias do Sul e do Curso de Administração da Faculdade Nossa Senhora de Fátima (Caxias do Sul). Homepage: <www.paulocampos.cnt.br>.

problema central para o homem no que diz respeito às suas escolhas econômicas (Backhouse, 2007). A escassez coloca dilemas como: trabalhar ou não, ser médico ou fazendeiro, elevar o gasto social do governo ou subsidiar atividades de empresas. Todos eles possuem em comum assumirmos que existem *trade-offs* [conflitos de escolha] sobre o que fazer com os recursos escassos dos quais dispomos *vis-à-vis* as necessidades dadas.

Questões semelhantes e outros elementos de economia aparecem na Antiguidade, em Hesíodo, como algo inerente à situação do homem no mundo, caracterizado como um ambiente de descompasso entre necessidades e recursos para satisfazê-las, o que reflete, portanto, situação de escassez. Mais tarde, Aristóteles expande e redefine a economia como "economia política", ou seja, como disciplina auxiliar da *política* para a geração de bem-estar, ou de felicidade, na *polis*. As preocupações do Estagirita se centram nas relações de produção, distribuição e consumo como instrumentos na busca da felicidade ou bem-estar *para o homem*, sendo o êxito deste na busca de riqueza material algo subordinado a uma concepção mais ampla de *bem para o homem* – como assinala Amartya Sen (1999).[1]

Roger Backhouse (2007) expressa que no Judaísmo e no Cristianismo primitivo a questão econômica da escassez aparece

---

[1] Em razão do reduzido espaço do presente texto para este ponto, sugere-se ver uma discussão sobre o que compõe o bem-estar na teoria econômica contemporânea, e uma análise crítica da mesma, em Sen (1999).

como algo subjacente às prescrições em torno de levar uma vida frugal e de simplicidade. O ser humano é um administrador dos bens que Deus lhe tornou disponíveis. Trabalhar é preciso, porém pautar a vida em obter riquezas corrompe a pessoa. Viver da melhor forma possível com os bens disponíveis e saciar as necessidades fundamentais, básicas, sim; lutar incessantemente para acumular bens merece censura. Aliás, será que o próprio filósofo Epicuro não concordaria com essas prescrições, *mutatis mutandis*? Não é este filósofo que alerta para viver obtendo prazer e satisfazendo necessidades dadas, básicas, e não as artificiais? Não são estas últimas geradoras de permanente desejo, inquietação e, portanto, de uma vida avessa a uma vida feliz e sábia?[2]

Pelo que lemos acima, desde a Antiguidade se sabia que o mundo em que vivemos é incompleto, que é caracterizado pela escassez. As religiões incorporaram isso e prescreveram normas de como lidar com tal situação via prescrição de levar uma vida simples e frugal. O homem moderno, bem mais tarde, vai gerar a Revolução Comercial nos séculos XIII-XIV como reflexo do objetivo de os homens transferirem entre si os seus excedentes de produção e consumo. Em outras palavras, o homem moderno aprendeu que não precisava e não fazia sentido viver isolado, produzindo e consumindo a partir de seus próprios recursos, e descobriu que o

---

[2] Tais afirmações quanto a Epicuro devem-se à monografia de graduação de Everton Peteffi, do curso de Filosofia da Universidade de Caxias do Sul, apresentada no primeiro semestre de 2008, em sua versão preliminar, no Seminário de Ética do Centro de Filosofia e Educação, coordenado pelo professor Décio O. Bombassaro.

comércio é uma importante tecnologia que expande as possibilidades de consumo sem que seja necessário expandir as possibilidades de produção.[3] Especializando-se em produzir os bens em que possui *vantagens comparativas* – como escreveu o britânico David Ricardo – , poderia exercer a sua inclinação natural para as trocas na instituição a que se deu o nome de "mercados", melhorando sua situação com base no produtivo e eficiente exercício das trocas.[4]

A história do pensamento econômico viria a sedimentar a escassez como a gênese e a razão de ser da economia. Esta última é uma disciplina que estuda como fazemos escolhas frente aos recursos escassos de que dispomos e considerando as necessidades que temos e os custos e benefícios econômicos de cada alternativa de emprego desses recursos. Isto é, de como enfrentamos a vida exercendo escolhas do tipo: gastar mais e se alimentar com proteínas (mais difíceis de digerir e agressivas ao sistema circulatório, mas não engordam) ou mais com carboidratos (mais fáceis de digerir, mas engordam)? Estudar durante mais tempo matemática ou, digamos, história da filosofia? Fazer faculdade em curso diurno e não trabalhar ou escolher um curso noturno que possibilite trabalhar, obter renda e estudar ao mesmo tempo?

---

[3] Tecnologia é empregada, aqui, num sentido amplo de "saber fazer", ou seja, de ser capaz de desenvolver uma atividade, uma atitude ou mesmo um processo produtivo eficientemente técnico no sentido mais convencional. Assim, pode-se falar de uma tecnologia de produzir alfinetes, uma tecnologia de preparar anchovas grelhadas, tecnologia de ministrar aulas ou palestras, ou uma tecnologia de saber viver, de saber ser ético.

[4] Sobre a inclinação natural para as trocas, ver Adam Smith.

O filme *Antes de partir* (2007)[5] situa quanto a um tipo de escolha particularmente importante, que é a escolha intertemporal. O filme mostra as consequências de trabalhar o máximo na juventude e poupar (e adiar prazeres) no *presente* e, quando a velhice chega (*futuro*), em vez de gastar com satisfações e prazeres pessoais, gastar com remédios e hospitais para recuperar a saúde comprometida na formação da poupança. Além desse tipo, há outras escolhas no jogo da vida: ter uma sociedade mais desigual, mas mais rica (voltada para a eficiência), ou com menos crescimento de sua produção, mas mais equitativa (mais voltada para a equidade), tendo como exemplos os Estados Unidos e a Suécia, respectivamente? O governo deve gastar mais dinheiro público com aparelhamento de indústrias, infraestrutura, ou promovendo a justiça distributiva? Essas são todas questões econômicas (individuais ou coletivas), porque lidam com o que fazemos com os recursos disponíveis; em cada uma das alternativas há custos e benefícios envolvidos (os quais geram os *trade-offs*), e a alternativa escolhida será a que reflete o resultado de nosso cálculo em favor do maior benefício *versus* custo.[6]

---

[5] Filme com Jack Nicholson e Morgan Freeman, mostra a história de dois homens que adiaram o consumo de prazeres em troca de preocupações com acumulação de riqueza material. Quando velhos, descobrem que estão com câncer terminal e decidem realizar os últimos desejos de suas vidas, portanto buscam concentrar no tempo de vida que lhes resta a busca de tudo o que não realizaram antes. A pergunta que fica é: Por que adiar as satisfações em troca de acúmulo de bens em vez de distribuir simetricamente os prazeres que a vida nos permite ao longo da mesma? Será a incerteza do dia da morte a razão disso? Ou não?

[6] Atualmente, há excelentes obras que procuram tornar acessível o conhecimento econômico. O espaço do presente texto não permite aprofundar muitas questões, as quais são apresentadas de forma bastante sintética. Para o leitor interessado,

Saber lidar com a escassez é o grande desafio do homem econômico. Buscar ser feliz – isto é, expandir nosso grau de satisfação com a própria vida – num contexto com limitações de recursos força-nos a exercer escolhas mais racionais, faz com que renunciemos a alternativas em favor de outra(s). Em suma, individualmente permite que descubramos formas de utilização criativa e eficiente do que a vida nos disponibiliza, ao mesmo tempo que nos estimula a avaliar os estados de coisas decorrentes dessas mesmas escolhas. Tal avaliação, no último caso, quanto aos aspectos da vida social, diz respeito a priorizar a eficiência ou a equidade. Os economistas de uma linha "engenheira" e pró-eficiência escolheriam a primeira, alegando que o conceito de justiça distributiva é muito subjetivo e que não podem basear-se em juízos de valor para tais decisões e para construir seus modelos lógicos. De fato, o incentivo à livre-iniciativa, ao empreendedorismo e à competição produz, comprovadamente, resultados eficientes e objetivos, gera uma sociedade altiva e rica, contudo não necessariamente justa, equitativa. Uma observação a ser feita ao ponto de vista dos defensores aludidos acima é que a escolha que fariam, como comentado, reflete sim um juízo de valor pró-eficiência, queiram admitir ou não. A aparente neutralidade é enganosa.

Nesse sentido é que surgem as questões de Estado. Qual modelo de Estado é *melhor*? O que dá resultados de eficiência ou o que

---

além das obras citadas, ver também as informadas no final, em "sugestões de leitura".

dá resultados equitativos? O "ideal" é o meio-termo, mas a experiência histórica mostra haver certa dificuldade em dar o mesmo peso a ambos: ou se prioriza um ou se prioriza outro. Assim, uma sociedade precisa deliberar se se volta para a eficiência – e contará com um aparelho estatal básico, cumpridor de funções básicas, e os arranjos e interações se produzirão ao sabor das flutuações e entendimentos efetuados entre os participantes do ambiente das trocas de mercado – ou se adota um modelo de Estado mais interventor e corretor das distorções geradas nessas interações. Nesse último caso, teremos mais impostos do que no primeiro, sendo curioso seu resultado: ao desejar tornar mais equânime a situação social de seus cidadãos, precisa taxar os mais aquinhoados e mais bem situados nos estratos de renda e riqueza para transferir aos menos favorecidos. Como se sabe, a taxação (impostos) reduz o incentivo ao trabalho e à produção, o que reduz o tamanho do quinhão a redistribuir. É o efeito conhecido como peso morto dos impostos, ou custo econômico dos impostos.

Há um *trade-off* importante a decidir socialmente, como já referimos. Considerações de certo e errado, feitas por um "observador imparcial", não fazem sentido porque essas deliberações estão afetas ao conjunto de valores e à formação histórica de cada sociedade. Dessa forma, classificar como *melhor* uma sociedade mais rica ou uma mais igualitária vai depender de qual critério avaliatório entendemos como balizador do que consideramos "melhor" e de saber se pertencer a essa sociedade significa ser mais feliz ou menos feliz.

Mas em que consiste ser feliz, sob o ponto de vista econômico? Consiste na satisfação com a própria vida como um todo, uma medida de bem-estar individual subjetivo. Ter alta renda é sinônimo de felicidade? Os resultados de estudos especializados apontam para a existência de correlação positiva entre renda e felicidade, e que a longo prazo a percepção de felicidade, por parte da pessoa, se altera com o crescimento da renda. À medida que a renda cresce no tempo, a felicidade cresce menos do que proporcionalmente. No jargão econômico, a elasticidade-renda de longo prazo é tal que, para cada 10% de crescimento da renda, a felicidade cresce 1,5% (Néri, 2008. Também: Corbi; Menezes-Filho, 2004). De novo, questões como a felicidade são subjetivas e dependem de como os indivíduos a concebem e deliberam a seu respeito. Mas como podemos responder ao que levar em conta para atingir um Estado de felicidade? Bem, a ética pode nos situar quanto a isso, talvez mais do que a economia.[7] Outro ponto é se considerarmos um exercício de pensar a felicidade não como algo estritamente individual, como levantado anteriormente, mas dependente também da felicidade dos outros. Qual seria o resultado desse exercício?

E a globalização e as crises econômicas do mundo contemporâneo não seriam uma denúncia de que o "sistema" é defeituoso

---

[7] Para uma análise do tema em tela, ver Sen (1999).

e, portanto, gerador de infelicidade, em vez de felicidade? À última pergunta a resposta adequada é que o sistema de uma economia de mercado não é perfeito, como nada do que é humano parece ser. Um sistema econômico é uma abstração. Seu funcionamento concreto, sim, depende de como interagimos uns com os outros. Consequentemente, se há desigualdades brutais no mundo atual, elas não se devem exclusivamente ao modelo econômico vigente, e sim ao modo como as pessoas nele interagem e também ao *status quo* inicial em que os agentes se encontram integrados. Por isso, é preciso haver regras estabelecidas que sinalizem os incentivos e os limites para a ação humana. Segundo a teoria econômica, os seres humanos não são nem bons nem maus, apenas reagem aos incentivos que lhes são apresentados.[8]

Principalmente a chamada "esquerda" fala de exploração, de os países A, B e C terem feito isto ou aquilo, o que determinou um mergulho na pobreza ou miséria por parte de outras nações. Essas falas se referem aos exploradores externos, mas dificilmente mencionam os exploradores internos, começando pelos próprios familiares. Afinal, para exemplificar, há um conflito intertemporal entre pais e filhos nas famílias pobres: os pais, interessados no curto prazo (presente), visam a levantar recursos para sobreviver. Os filhos, ao serem submetidos ao trabalho em tenra idade pelos pais, na maior parte das vezes deixando de ir à escola, veem seu

---

[8] Por incentivos entende-se os prêmios esperados pelo que fazemos, os quais são previstos em regras, leis e normas deontológicas.

futuro ser comprometido em razão de preocupações presentes que mais interessam aos pais. Com baixa escolaridade e sem riqueza inicial, os filhos se tornam dependentes e condenados ao mesmo destino de seus pais. Como saída para o problema, os governos estão remunerando os pais necessitados através de complementos de renda, com a finalidade de estimular que seus filhos frequentem a escola. O exemplo do programa Bolsa Escola no Brasil ilustra isso. Há exploração em razão da pobreza ou há pobreza em razão da exploração? É claro que a exploração se deve à pobreza. Sendo assim, é preciso dotá-los de recursos iniciais, começando pela garantia de certo grau de escolaridade como prática prioritária em nossas políticas públicas, principalmente o nível básico, o que se mostra como um eficiente meio de reduzir as desigualdades (sobre este tema, ver: Barros; Mendonça, 1996), as chances de ter vida pobre e de ser explorado, além de outros mecanismos de fornecimento de dotações iniciais, pela via fiscal e redistributiva.

Sobre as questões comerciais, agora tratando-se de países. Será o comércio internacional algo que se assemelha a um jogo de soma zero, em que os ganhos dos ricos são oriundos das perdas dos pobres? É lógico que não. Não apenas o comércio internacional alavancou nações como proporcionou o surgimento de classes médias mundo afora. A experiência histórica mostra que entre meados do século XIX e início do século XX o crescimento econômico alavancado pelo comércio internacional tirou várias regiões do atraso e da pobreza e, é claro, também beneficiou os países ricos.

No entanto, de modo geral, os ganhos comerciais foram assimétricos, tanto entre países quanto entre suas classes internamente. Os menos favorecidos internamente aos poucos foram se tornando fortes politicamente e exigindo alterações nas regras estabelecidas, a fim de protegê-los e torná-los partícipes dos ganhos. A Suécia, os Estados Unidos e vários exemplos na América Latina refletem esse esquema ao longo do período acima citado, principalmente se considerarmos o surgimento de movimentos de trabalhadores, sindicatos e, finalmente, a concepção de um Estado de Bem-Estar Social (Frieden, 2008). Além disso, os governos precisaram e precisam intervir (taxando importações ou criando mecanismos redistributivos etc.) para assegurar a correção das desigualdades geradas pelas interações entre os agentes econômicos. Isso tudo não apenas se refere à realidade passada; diz respeito também ao momento que vivemos. Portanto, governos ativos e socialmente responsáveis e interesses comerciais articulados precisam ser observados para que o mundo seja de ótima combinação eficiência-equidade e a globalização não seja avassaladora.

Por outro lado, crises econômicas são comuns na história. Desde a Antiguidade há crises financeiras, altos e baixos de desempenho econômico, inflação galopante – como na Espanha do século XV –, retrocesso e crescimento econômico pífio no medievo e assim por diante. Nossa época histórica atual proporciona a ocorrência de crises profundas e frequentes pela própria interdependência entre os agentes que a caracteriza e a intensidade com que as trocas ocorrem. Mercados financeiros, por exemplo, podem ser potencialmente causadores dessas crises, mas ao mesmo tempo são eles que alavancam empreendimentos, captam investimentos e aplicam produtivamente as poupanças de pessoas e famílias. Bolhas – como a imobiliária ou qualquer outra – se formam neles não porque alguém as planejou, mas sim porque as pessoas exercitam de forma natural sua inclinação para ganhar nesses mercados. Errado não é o sujeito que faz especulação, mas o formato do sistema regulatório e de incentivos que permite que ela ocorra de forma excessiva e comprometa o funcionamento do sistema e dos mercados, afetando negativamente tanto os preços dos ativos como as expectativas. A regulação dos mercados financeiros é um elemento que recentemente despontou na cabeça dos economistas e governantes como algo necessário para evitar excessos, bolhas e crises. Em suma, as últimas são inerentes ao funcionamento de qualquer sistema econômico e de qualquer economia. Elas devem ser encaradas como uma forma de aprendermos e crescermos, não como um motivo de condenar o sistema de trocas de mercado.

Em que sentido a economia pode ser importante para a educação? A abordagem da economia para a educação se refere especialmente à sua importância para o crescimento e desenvolvimento econômico, para uma distribuição de renda mais equitativa e para o amadurecimento político-democrático. No entanto, afora esse importante aspecto instrumental da educação, existe outro mais profundo. A escassez educa porque nos impõe restrições e força priorizar o que realmente é importante e fundamental. As sociedades que conviveram com restrições ou limitações severas – com a escassez –, impostas pelo clima e pelas condições geográficas, tiveram de desenvolver meios, formas e tecnologias como resposta. Isso as tornou mais propícias a criar mais tecnologia, conhecimentos, organização política, religiosa etc. É o suprassumo da descrição de uma espécie de "condição inicial" de que fala Jared Diamond (1998) em seu monumental *Armas, gérmenes y acero: la sociedad humana y sus destinos*, a respeito das modernas sociedades desenvolvidas dos dias atuais. Elas também foram o palco de movimentos como o Renascimento, a Revolução Científica, a Revolução Industrial etc.

Continuando a discussão, o nascimento das cidades reflete o comportamento de o homem agrupar-se para mútua proteção, divisão do trabalho e racionalização de provisão de água, tratamento de lixo etc. No entanto, essas mesmas cidades se tornaram também ambientes férteis para a criação e proliferação de bactérias e vírus letais. As modernas metrópoles possuem um alto custo social no que diz respeito à poluição, degradação ambiental, crimes, trânsito e mobilidade etc., ao mesmo tempo que são eficientes ambientes de trocas, criatividade e interação entre as pessoas. Se as cidades nasceram como uma decisão de custo-benefício entre viver isolado ou viver em grupo, o crescimento de suas populações e de sua expectativa de vida trouxe novos problemas e as tornou agressivas ao homem, o que exigirá soluções por parte de seus habitantes e governantes (Johnson, 2007). Esses elementos ilustram a relação com a educação, ou seja, como aprendemos individual e coletivamente a lidar com o mundo em que vivemos e com a transmissão de conhecimentos e tecnologias resultantes para as gerações posteriores.

Outro ponto a destacar é que as preocupações concretas e recentes com fontes de energia, agricultura orgânica, aproveitamento da energia solar etc. surgiram quando nos demos conta de que os recursos naturais não durarão para sempre e seu uso deliberado ocasiona efeitos danosos à atmosfera e à biosfera. Como afirmam Faucheux e Noël (1997), essa tomada de consciência traz à cena que as interações entre economia e meio ambiente devem ser geridas de forma a satisfazer as necessidades atuais sem comprometer as das futuras gerações – é o desenvolvimento sustentável. A indústria, especialmente, e também a agricultura são atividades que agridem o meio ambiente, mas elas são importantes para produzir riqueza, o que necessitamos e o que consumimos. Se o que consumimos é muito mais do que necessitamos – o que, provavelmente, Epicuro condenaria –, essa é uma escolha que exercemos todos os dias quando fazemos compras. Assim, os efeitos desse comportamento resultam em nos questionarmos se queremos um meio ambiente saudável com menos riqueza e consumo ou com mais, no último caso com certa agressão ambiental. Qual o ponto ótimo dessa difícil escolha? Como promover o desenvolvimento sustentável, suprir as necessidades atuais com os recursos disponíveis de maneira eficiente e equitativa? São perguntas difíceis de responder e "econômicas", porque lidam com raciocínio de custo-benefício, escolhas e escassez de recursos.

Finalizando, procurou-se, aqui, levantar questionamentos, despertar *insights* e interesse pelo estudo econômico. A sequência dos temas procurou ser tal que um remetesse ao outro, cobrindo uma porção deles sem, no entanto, aprofundá-los, já que o objetivo é mais o de incentivar a atitude de passar a ver como a disciplina economia é importante e presente no dia a dia. Então, é possível, agora, pensar em responder ao *por que economia*?

Referências bibliográficas

ANTES DE PARTIR. Direção: Rob Reiner. Los Angeles, CA: Warner Bros, 2007. Comédia. Película. 97 min. Son., color. Legendado. Port.

BACKHOUSE, R. E. *História da economia mundial.* São Paulo: Estação Liberdade, 2007.

BARROS, R. P.; MENDONÇA, R. Os determinantes da desigualdade no Brasil. In: *A economia brasileira em perspectiva.* Rio de Janeiro: IPEA, 1996.

CORBI, R. B.; MENEZES-FILHO, N. A. Os determinantes empíricos da felicidade no Brasil. Texto apresentado na Anpec 2004. Disponível em: <www.anpec.org.br>.

DIAMOND, J. *Armas, gérmenes y acero:* la sociedad humana y sus destinos. Madrid: Debate Pensamiento, 1998.

FAUCHEUX, S.; NOËL, J.-F. *Economia dos recursos naturais e do meio ambiente.* Lisboa: Instituto Piaget, 1997.

FRIEDEN, J. A. *Capitalismo global;* história econômica e política do século XX. Rio de Janeiro: Zahar, 2008.

JOHNSON, S. *O mapa fantasma.* Rio de Janeiro: Zahar, 2007.

NÉRI, M. Dinheiro traz felicidade? *Conjuntura Econômica*, FGV/RJ, v. 62, n. 2, p. 28-31, fev. 2008.

ROBBINS, L. C. *An Essay on the Nature and Significance of Economic Science*. London: Macmilan, 1935.

SEN, A. *Sobre ética e economia*. São Paulo: Companhia das Letras, 1999.

Sugestões de leitura

ANDRADE, E.; MADALOZZO, R. *Microeconomia*. São Paulo: Publifolha, 2003.

GONÇALVES, C. E. S.; GUIMARÃES, B. *Economia sem truques;* o mundo a partir das escolhas de cada um. Rio de Janeiro: Elsevier, 2008.

LEVITT, S.; DUBNER, S. *Freakonomics*. Rio de Janeiro: Campus, 2005.

MANKIW, N. G. *Introdução à economia*. São Paulo: Thomson Learning, 2007.

Everaldo Cescon*

Por que a educação?

Tentando compreender a realidade

A educação, indiscutivelmente, sempre exerceu um papel fundamental no desenvolvimento pessoal e social dos seres humanos. É um conceito complexo que, no decurso da história, foi assumindo definições diferentes. Cada uma dessas definições sofreu a influência do ambiente e do contexto histórico-cultural, mas nunca sofreu alteração do seu próprio fim, ou seja, a promoção da formação da pessoa humana, seja em vista de um crescimento pessoal consciente e livre, seja pelo bem das várias sociedades das quais o homem fez e faz parte. Há uma relação indissociável entre a educação do indivíduo e o amadurecimento da sociedade: a maturidade de cada um só se realiza na maturação da comunidade e a plenitude de desenvolvimento da comunidade compreende e pressupõe a plenitude do indivíduo.

Por tal razão, em todas as épocas, mas especialmente hoje, a educação sempre foi e será uma tarefa à qual não se pode

---

* Mestrado em Teologia pela Pontifícia Universidade Católica do Rio Grande do Sul. Doutorado em Teologia pela Pontifícia Universidade Gregoriana. Pós-doutorado em Filosofia na Universidade de Lisboa. Professor da Universidade de Caxias do Sul. E-mail: ecescon@ucs.br.

renunciar. Uma educação correta e consciente de todos os indivíduos favorece e garante o futuro da própria sociedade. Entretanto, a nossa cultura está contaminada e doente, não favorecendo o crescimento das gerações jovens; ao contrário, impede-as de crescer. Isto porque o âmbito no qual o impacto do espírito do tempo aparece é o educativo. Educar requer uma espécie de tratamento do espírito do tempo, da cultura, para eliminar os germes que a contaminam e, assim, curá-la. Trata-se de uma questão complexa e complicada. Na tentativa de sistematização, proceder-se-á distinguindo quatro formas de contaminação da sociedade.

A contaminação da verdade[1]

A busca da verdade requer o uso da razão humana. A cultura contemporânea reconhece que a razão humana só é capaz de analisar e discernir aquilo que é produto do homem. Trata-se de uma razão técnico-científica. Não se admite que a razão humana possa reconhecer como verdade as motivações, os fins, o horizonte no qual o homem vive, em todas as dimensões da sua vida. Não faltam, hoje, os que defendem que a razão não deve ocupar-se de tais coisas. Só o "como" é objeto de verdade. Tudo o que vai além do "como" não pode ser definido como verdade, mas apenas como opinião ou emoção do sujeito, do indivíduo. A consequência é a impossibilidade de evitar, seja, de um lado, uma forma de

---

[1] Veja-se a excelente crítica à razão instrumental moderna feita por: JAPIASSU, H. Ciência e religião: articulação de saberes, p. 105-134.

dogmatismo da verdade (a verdade é uma, completa e definida de um vez por todas), seja, de outro, um anarquismo da verdade (busca de verdades sempre relativas). Parece não haver alternativa para essas duas posições, fato que fica manifesto em todos os âmbitos da vida social, na tendência a radicalizar as posições. O resultado final é a impossibilidade de dialogar em vista de uma verdade única. Entre os jovens, então, não se considera sequer a possibilidade de chegar à verdade.

Se as motivações, os fins e o horizonte não são verdade, mas somente o "como", tudo aquilo que é tecnicamente factível ("sei como fazer") passa a ser automaticamente lícito, ou seja, o critério verdadeiro para definir se algo pode ou não ser feito é unicamente o conhecimento do "como fazer", o *know-how*.

A contaminação da ética

A compreensão daquilo que é bem e a capacidade da liberdade humana de buscá-lo foram profundamente prejudicadas na cultura contemporânea. Já se tornou quase comum pensar que bem seja o mesmo que bem-estar, entendido na sua dimensão mundana e privada. Define-se como bem somente aquilo que "me faz estar bem", ou "me faz sentir melhor". Assim, também o bem perde toda a sua objetividade e, consequentemente, toda a possibilidade de orientar a liberdade do indivíduo para além de si mesmo, para além do horizonte das suas emoções e paixões.

Dessa forma, a própria liberdade fica atrofiada porque está sempre voltada para si mesma (o único bem a buscar é o meu; está dentro de mim; não há necessidade de esforço para buscá-lo fora de mim). A consequência é a impossibilidade de crescer (ir além) e, portanto, de educar (ajudar alguém a ir além de si mesmo).[2] Além disso, há uma consequência social ainda mais perigosa: a ética comum (a arte do bem e a orientação da liberdade para ele [Marchionni, 2008]) passa a só poder ser definida baseada na maioria. O bem se torna aquilo que a maioria diz e não aquilo que é realmente bem.

Assim, desaparece o fundamento seguro para elaborar e realizar uma convivência humana adequada ao bem comum, entendido em sentido pleno (e único) e não obrigatório. Pensemos na dificuldade que os jovens têm em compreender o significado de bem comum, na perda da responsabilidade em relação aos outros, na busca desenfreada do bem-estar etc.

A contaminação da beleza

A cultura contemporânea perdeu o conceito de beleza entendido como algo fora de nós, que nos faz sair de nós mesmos por meio de uma experiência contemplativa. A contemplação do belo nos educa a nos descentrarmos, a não nos pormos no centro, em relação à percepção que temos da realidade.

---

[2] Cf. PENNISI, Michele. *Riflessioni e prospettive emerse in occasione dell'Assemblea Generale della CEI del 25-29 maggio 2009.*

Atualmente, pelo contrário, é belo simplesmente aquilo que nos agrada, que nos faz sentir um certo prazer. Enfim, trata-se de uma excitação emotiva. A dimensão contemplativa é esquecida em benefício da busca de sensações sempre mais fortes e, para que sejam cada vez mais fortes, devem se tornar sempre mais transgressivas. A excitação emotiva, ao contrário da contemplação, se esgota e exige superação contínua. Jamais sacia. Quem se deixa dominar pelos desejos fica eternamente insatisfeito.

Assim, perdemos o único caminho capaz de nos tirar da ilusão de nos pensarmos autossuficientes. Pensemos na dificuldade que os jovens têm de apreciar a beleza nas coisas simples, na tendência a transgredir, a ir sempre além só por ir além (nem que seja com o uso de fármacos), na tendência a destruir (voluntariamente ou não) as coisas, os ambientes etc.

A contaminação da antropologia

Fala-se e escreve-se muito do homem. O homem está no centro das discussões. Entretanto, paradoxalmente, um dos pontos nevrálgicos da atual crise parece ser justamente a visão inadequada que se tem do homem, da sua identidade e do seu destino. Parece evidente que a cultura contemporânea modificou o modo de pensar o homem.

O homem, aquilo que cada um de nós é, é concebido como o lugar no qual algo acontece. É expropriado do seu valor próprio, vale unicamente em relação àquilo que lhe acontece. Não é mais um valor absoluto.

Pode-se até mesmo dizer que o homem não se pertence mais, pois está reduzido a fenômeno passivo em relação àquilo que lhe acontece, àquilo que compõe a sua experiência. O homem simplesmente acontece.

A mudança é muito importante. Pode-se sintetizá-la com estes termos: consumou-se a passagem da pessoa ao indivíduo. Por pessoa entende-se o homem definido pela história das suas relações vividas conscientemente, capaz de se orientar livremente no labirinto das experiências. Já por indivíduo entende-se o homem definido pelos seus desejos e pelas suas exigências vividas de modo solitário, mas à mercê do que lhe acontece.

Certamente, o indivíduo é mais difícil de educar do que a pessoa, pois não prevê um projeto de vida no decorrer do qual poderá ser acompanhado. O indivíduo não reconhece o significado ulterior que as relações têm e, visto que toda educação passa pela relação, todo esforço educativo se torna insignificante.

Pensemos na relativização do valor da pessoa, especialmente se diferente de mim, no valor enorme, mas volátil, dado à experiência, na desconfiança em relação à liberdade do homem sentida como ineficaz diante daquilo que acontece, do destino etc.

A educação: questão central

Nesse contexto, a educação se torna uma questão central. Educar nunca foi fácil, mas hoje parece ter se tornado mais difícil e necessário ainda. Certamente, os pais, os professores e os educadores em geral sentem uma forte tentação a renunciar à missão que lhes foi confiada, ou, então, simplesmente não compreendem qual é o seu papel. Constata-se que é difícil agir, mas também que há uma desorientação dos próprios educadores acerca do sentido, das finalidades da educação. Por isso pode-se falar de uma "emergência educativa".[3] A emergência educativa é um alarme sério e o fator em condições de ameaçar o equilíbrio de uma sociedade e as possibilidades concretas de construir um projeto de futuro.

Entre as causas deste fenômeno, pode-se indicar uma atmosfera difusa, uma mentalidade e uma forma de cultura que levam a duvidar do valor da pessoa humana, do significado da própria verdade e do bem. Em suma, do valor da vida. Torna-se difícil, então, transmitir de uma geração a outra algo de válido e certo, regras de comportamento, valores perenes em torno dos quais construir a própria vida.

Contudo, a educação é inevitável. Diferentemente do que acontece no campo técnico ou econômico, onde os progressos atuais sempre podem ser somados aos do passado, no âmbito da formação e do crescimento moral das pessoas, não existe uma tal possibilidade de acúmulo, porque a educação é uma relação entre pessoas na qual, com o passar dos anos, entram cada vez mais em

---

[3] Expressão usada pelo papa Bento XVI em sua Carta à Diocese e à cidade de Roma sobre a tarefa urgente da educação [*Lettera del Santo Padre Benedetto XVI alla Diocesi e alla città di Roma sul compito urgente dell'educazione*].

jogo a liberdade e a responsabilidade daqueles que são educados. Considerando que a liberdade do homem é sempre nova, cada pessoa e cada geração deve tomar novamente, pessoalmente, as suas decisões. Até mesmo os maiores valores do passado não podem simplesmente ser herdados. Devem ser feitos nossos e renovados por meio de uma opção pessoal, muitas vezes sofrida. A educação não pode ser obtida por acúmulo, mas unicamente mediante o encontro entre duas liberdades, requerendo o emprego de todas as faculdades da pessoa.

A educação, portanto, é muito mais do que instrução. Romano Guardini defendeu que

> [...] educar significa que eu dou a este homem coragem em relação a si mesmo [...], que eu o ajudo a conquistar a sua própria liberdade [...]. Com que meios? Certamente valendo-me também de discursos, exortações, estímulos e métodos de todo gênero. Mas isto ainda não é o fato original. A vida é acessada somente a partir da vida [...]. Por último, como crentes, dizemos que educar significa ajudar a outra pessoa a encontrar o seu caminho para Deus. Não só que tenha os documentos em dia para afirmar-se na vida, mas sim que este "menino de Deus" cresça até a "maturidade de Cristo". O homem é, para o homem, a via para Deus (1987, p. 222-223 – tradução nossa).

Falar em emergência educativa significa alertar para a dificuldade em educar, mas também para a urgência do dever de fazê-lo. Quando os fundamentos são abalados e as certezas essenciais desaparecem, a necessidade de valores volta a ser sentida. Assim, concretamente, aumenta hoje a solicitação por uma educação verdadeira. É uma solicitação dos pais, preocupados com o futuro dos seus filhos. É uma solicitação de muitos professores que vivem a triste experiência de ver a violência e a degradação nas escolas. É uma solicitação da sociedade no seu todo, que vê questionadas as próprias bases da convivência. É uma solicitação dos próprios adolescentes e jovens que, intimamente, não querem ser deixados sozinhos diante dos desafios da vida.

A educação assume, hoje, assim como no passado, o lugar central na vida e nas opções da sociedade civil e das suas instituições. Numa sociedade que aposta na força das tecnologias avançadas, dominada pelas oligarquias do saber e pela influência dos meios de comunicação social, o homem certamente está ameaçado de sucumbir, de ser esvaziado, sem a ajuda de referências éticas que deem sentido à sua vida.

A educação tem um papel decisivo para o futuro da sociedade. A educação, que constitui a tarefa primária e essencial de todas as culturas, deve propiciar as condições necessárias para o homem se tornar sempre mais humano, ser mais e não só ter mais. Consequentemente, por meio de tudo aquilo que ele tem, poderá sempre mais plenamente ser homem. Por isso é necessário que o homem saiba ser mais não só com os outros, mas também pelos outros.

Infelizmente, no conjunto do processo da educação houve um deslocamento progressivo para o aspecto instrucional, entendido como um processo no qual o indivíduo adquire um conjunto de técnicas e de práticas de caráter técnico-operacional no âmbito de uma disciplina, de uma arte, de uma atividade. Se considerarmos as proporções assumidas por este fenômeno, com o aumento sistemático da instrução que se refere unicamente ao que o homem possui, a pessoa, entendida como unidade integral, com as suas capacidades físicas, morais e intelectuais, está ameaçada de ser abandonada à mercê do eficientismo e do tecnicismo. A consequência evidente é a transformação da educação numa verdadeira alienação. Em vez de agir em favor daquilo que o homem deve ser, atua unicamente em favor daquilo que o homem pode utilizar no âmbito do ter. A etapa posterior desta alienação é acostumar o homem, privando-o da sua própria subjetividade, a ser objeto de manipulações: as manipulações ideológicas ou políticas que ocorrem por meio da opinião pública; as manipulações que agem por meio do monopólio ou do controle das forças econômicas, dos poderes políticos e dos meios de comunicação social etc.

Ao mesmo tempo, os sintomas de crise manifestam que a educação do homem não acontece somente com a ajuda das instituições, nem somente com a ajuda de meios organizados e materiais, por mais excelentes que sejam. Eles mostram também que o mais importante sempre é o ser humano e a sua autoridade moral, que deriva da verdade dos seus princípios e da conformação das suas ações a esses princípios.

As novas fronteiras da questão antropológica

Em janeiro de 2008, a edição europeia da revista *Time* trazia uma capa dedicada ao amor, indicando um artigo intitulado "Why we love?". A famosa revista explicava que recentes pesquisas científicas tinham identificado as bases neurais, fisiológicas e químicas do amor. Assim, todos os sentimentos ligados ao amor seriam completamente explicáveis, exceto, parece, a fidelidade e o amor oblativo. Se, porém, perguntássemos à química o que é o amor, ela não só não saberia responder, como também não estaria em condições de entender a pergunta. De fato, o amor não é uma questão química, mas antropológica, filosófica e teológica.

Schaeffer, em *La fin de l'exception humaine* (2007), afirma:

> De um lado, há cerca de um século e meio, nós sabemos, sem qualquer dúvida, que os humanos são – que nós somos – seres vivos entre os outros seres vivos (com tudo aquilo que isto significa) e que a unidade da humanidade é a de uma espécie biológica. Sabemos, portanto, que a vinda da humanidade à existência se inscreve na história dos seres vivos num planeta de média grandeza do "nosso" sistema solar. Esta história e a sua longa pré-história nos fizeram. Nós somos primeiramente e sobretudo um dos episódios desta evolução, que não é somente o nosso passado, mas também o nosso presente e o nosso futuro (p. 13 – tradução nossa).

São dois exemplos de reducionismo antropológico que, entretanto, é contraditório, visto que, para reduzir, é preciso ter um olhar mais amplo do espaço reduzido. Nem o próprio Schaeffer escapa desta crítica. Ele afirma que "as culturas são muitas, não só porque as culturas humanas são diferentes, mas também porque a cultura humana não é a única cultura animal" (Schaeffer, 2007, p. 19). Consideremos, contudo, que o livro no qual esta tese é defendida é fruto de uma cultura não redutível a uma cultura animal. Para poder dizer que ele mesmo não é senão um animal, o homem precisa dizê-lo como homem. Nenhum animal consegue dizê-lo. O homem não pode afirmar ser somente um animal sem se contradizer.

Quer-se com isso acentuar que sem a verdade acerca do ser humano a educação não é possível. Atualmente, um professor não poder ensinar que a fidelidade monogâmica é um valor por se tratar de uma questão cultural ocidental; não pode ensinar que há uma ligação entre sexualidade e concepção, mas deve dar somente instruções para o uso; não pode falar de Deus porque ofenderia os não crentes; não pode falar de casamento porque ofenderia os que vivem em união estável; não pode dizer o que seja o homem porque discriminaria as outras ideologias; não pode dizer qual dos vários filósofos tem razão porque limitaria a liberdade de opinião. Se o ritmo continuar assim, o professor terminará por não ensinar o princípio aristotélico de não contradição porque discriminaria os malucos. No fim, deverá deixar de ensinar, em nome do politicamente correto.

Que significa, então, educar?

É verdade que o fim não justifica os meios, mas também é verdade que estabelecer os fins permite definir os instrumentos, os métodos, os procedimentos necessários para atingi-los. Portanto, o problema da educação requer uma decisão acerca do que é o homem. O que queremos alcançar por meio da ação educativa, por meio da relação educativa? Por exemplo: se quisermos cultivar batatas, deveremos escolher um determinado tipo de terreno, uma semente específica, um certo tipo de adubo e uma determinada relação com os raios solares. Se, no entanto, quisermos cultivar uma parreira, será algo bem diferente. A videira requer um tipo de terreno diferente, uma exposição solar diferente, outro tipo de adubo, cuidados bem diferentes.

Portanto, se o homem for considerado, como acontece frequentemente na onda da nossa cultura ocidental, como o continente de definições, como aquele que recolhe informações, dados, e os acumula dentro de si mesmo, então se depreende que educar significa transmitir uma doutrina, transmitir princípios, fórmulas, conhecimentos. O educador é a pessoa erudita, que sabe muitas coisas.

Se, por outro lado, o homem for considerado um bom executor de comportamentos aceitáveis socialmente, então educar quer dizer treinar, tornar capazes de repetir alguns elementos de vida, costumes que são reconhecidos como os de um homem aceitável, socialmente não perigoso. Neste caso, entretanto, o educador é um treinador, um adestrador. No primeiro caso, doutrinar; no segundo, treinar.

Ambas as coisas fazem parte do ato educativo, mas são como que o seu subproduto, o elemento qualitativamente inferior, o instrumental para se chegar a outras finalidades, a outros objetivos. Portanto, tentemos entender que modelo de homem temos em mente hoje.

Somos diariamente arrastados por uma avalanche de informações que nos fazem parecer um computador. Armazenamos no nosso disco rígido vital toda uma série de noções. Assim, podemos pensar que somos um robô, com todos os nossos comportamentos bem programados para que sejam funcionais, para que façam bem aquilo que devem fazer, mas isto não nos basta para sermos homens. Não somos um computador, nem um robô. Precisamos de um outro estilo de educação.

Se, portanto, não basta dar informações ou noções, precisamos entrar em acordo acerca do que seja o ser humano, a pessoa, para saber, consequentemente, quais são os processos que nos permitam educá-la, fazê-la crescer.

Na realidade, a pessoa humana é algo bem diferente e bem superior, mesmo tendo, no conjunto de sua vida e de sua existência, de saber muitas coisas e de fazer outras tantas, isto é, a pessoa humana é, primeiramente, chamada a ser criativa, a realizar-se por meio da sua liberdade, a assumir responsabilidades reais que não pode delegar a ninguém em relação ao valor e ao sentido da própria vida. A pessoa aprende a exercitar tal liberdade e tal responsabilidade somente numa relação com outras pessoas. O movimento da vida humana em direção a significados e a sentidos, a perspectivas de valor que deem conteúdo à sua experiência só ocorre na história, considerando que a experiência humana não é constituída unicamente da resolução de alguns problemas abstratos, formais, científicos, matemáticos, mas de grandes projetos, de visão geral do mundo, de impacto com a realidade.

Se a educação deve dotar o homem de uma tal competência, então o educador não pode ser somente douto, culto, erudito. Também não pode ser uma pessoa capaz somente de treinar, mas deve ser capaz de testemunhar a beleza da vida por meio de uma visão de mundo rica de significados e de valores. A tarefa, portanto, não pode limitar-se a fornecer noções e informações, deixando de lado a grande interrogação em relação à verdade, sobretudo àquela verdade que pode ser guia na vida. Educar significa ir ao encontro daquele desejo de conhecer e de entender que é ínsito ao homem e que, na criança, no adolescente, no jovem, se manifesta com toda a sua força e espontaneidade.

Além disso, deve ser capaz de entrar numa relação com a pessoa que é confiada à sua responsabilidade educativa, de modo a transmitir por meio dessa relação algo que transcende qualitativamente aquilo que pode ser contido na memória e vai além da tarefa de conformar os comportamentos àquilo que é socialmente aceitável.

A pessoa humana é a riqueza criativa de cultura, de significados, de valores, de paixões, de ideais. Isto só pode ser transmitido de geração a geração, de educador a educando, quando se instaura uma relação interpessoal feita de estima, de afeto, de testemunho. Então, finalmente surge o tipo de luminosidade que faz esta espécie de planta crescer, o tipo de terreno que permite à semente de humanidade em desenvolvimento criar raízes e produzir frutos.

Riscos e armadilhas do ato de educar

Uma última questão a tratar é a que se refere aos riscos e às armadilhas contidas na relação educativa. Para sistematizar este aspecto, mencionaremos três elementos, cada um dos quais feitos de uma polaridade, ou seja, na educação o risco é ir de um lado a outro radicalizando as posições.

Em relação à liberdade, que deveria ser uma preocupação muito grande da parte do educador, pode-se ir, de um lado, em direção ao polo do autoritarismo e, de outro, em direção à anarquia. Há quem organize a educação de modo autoritário, esperando que isso provoque imediatamente resultados de construção de personalidades fortes; há quem defenda que se deveria deixar as pessoas fazer aquilo que querem, sem regras, pois o ambiente tendencialmente anárquico é o espaço no qual, depois, as pessoas se determinam de maneira autônoma, livre.

Trata-se, claramente, de tendências extremistas que devem ser mantidas sob controle: a primeira, com a ilusão de uma eficiência educativa que encobre os problemas em vez de resolvê-los; a segunda, com uma recusa de responsabilidade por parte do educador, como se a educação pudesse ser produzida interiormente. Ambas são opções perigosas do ponto de vista educativo. A educação, ao contrário, deveria se preocupar com o desenvolvimento acompanhado, apoiado, da liberdade do sujeito.

Uma segunda polaridade se dá entre moralismo e idealismo abstrato. A educação moralista é uma educação feita sobretudo de regras, regulamentos, preceitos, obrigações e proibições. De outra parte, a educação tende a parar nos grandes ideais, na honestidade, na verdade, na justiça. Também isso deixa a pessoa sem as mediações necessárias para atingir esses grandes ideais. De um lado há somente as mediações e acaba-se fechado numa série de observâncias passivas, de outro se navega num mar aberto de ideais que não consegue construir um verdadeiro, autêntico, itinerário de educação aos valores mediados concretamente por comportamentos precisos.

Uma terceira polaridade da educação é a armadilha existente entre a educação protegida numa redoma esterilizada de vidro, sem relações externas com um ambiente educativo – seja a família, seja o grupo, seja a sociedade –, que impede de ter relações críticas, desafios sadios, e uma educação caseira, dispersa, exposta a qualquer vento ideológico, sem anticorpos, sem a capacidade de maturar uma atitude crítica em relação à sociedade que circunda o educando.

Também aqui estamos diante de dois polos extremos – de um excesso de proteção e de um *deficit* de criticidade – que tornam o sujeito, seja de um lado, seja de outro, incapaz de analisar seriamente a si mesmo e de construir uma identidade própria.

Nas três polaridades, é necessário que o educador sábio, aquele que assume a tarefa educativa de modo inteligente, evite as simplificações extremas e se mova numa linha mediana de crescimento da liberdade, de atitude crítica, de confronto com aquilo que nos circunda, partilhando os grandes ideais com as mediações necessárias que requerem empenho, regularidade, capacidade de construir uma ordem de vida, sem a qual a pura afirmação abstrata não educa e não constrói uma vida autêntica.

Considerações finais

A cura da cultura contemporânea requer, especialmente dos educadores, um esforço por um novo humanismo que afirme com força o valor absoluto da pessoa, de modo que a pessoa não seja relativa (no sentido de variável no seu valor, discutível no seu sentido e significado), mas capaz de relação na sua forma mais elevada: o amor incondicionado e gratuito.

Essa relação absoluta é o sentido absoluto, isto é, antes experimentado-recebido e depois exercido. É nessa relação absoluta que nasce a pessoa, o homem definido pela história das suas relações vividas conscientemente, capaz de se orientar livremente no atual labirinto das experiências.

A cura da cultura contemporânea requer, ainda, o esforço para restabelecer as condições para uma verdadeira contemplação da beleza. É essa contemplação que tira o homem de uma percepção de si distorcida, retorcida em torno de si mesmo, e o liberta, a fim de que possa exprimir ao máximo as suas potencialidades.

Também a questão ética requer um esforço de cura na cultura atual. É preciso superar a pretensão de que todas as coisas tenham um objetivo utilitarista, útil para mim. O bem moral não se submete a um tal esquema, não cabe em tal definição. Escapa. Portanto, corre o risco de se tornar – como de fato acontece – irrelevante, abandonado, esquecido.

Há objetos cujo valor vai bem além da utilidade em sentido estrito. O bem, por exemplo, tem um valor enquanto doa um sentido adequado à liberdade do homem e está em condições de motivar a grandeza e a seriedade do exercício da própria liberdade. Contrariamente, uma liberdade que é fim em si produz monstros.

A cultura contemporânea precisa de esterilizações também no tocante à verdade. Para superar a alternativa entre dogmatismo e relativismo, é preciso mudar a nossa concepção de verdade e chegar a um modo de entendê-la que evite tal contraposição.

A verdade é inesgotável na produção de significado e sentido à vida, desde que haja uma contínua e honesta abertura – expansão – a aprofundar, em estreita ligação com a realidade, aquilo que está ao redor. Portanto, a verdade "máxima" não é uma fórmula abstrata e universal. Também não é uma lista de instruções provisórias e instrumentais para fazer bom uso da própria vida. A verdade é a consequência inesgotável e sempre em ato do encontro-relação significativo com uma pessoa. Logo, toda ação que promova o amor incondicionado, a contemplação e o dar finalidade ulterior à liberdade pode ser definida, ao mesmo tempo, como ação cultural e ação educativa. Todo educador é chamado a não menosprezar o peso da cultura contemporânea na maturação da pessoa e a agir pela sua cura.

Referências bibliográficas

BENTO XVI. *Lettera del Santo Padre Benedetto XVIi alla Diocesi e alla città di Roma sul compito urgente dell'educazione.* 21 gennaio 2008. Disponível em: <http://www.vatican.va/holy_father/benedict_xvi/letters/2008/documents/hf_ben-xvi_let_20080121_educazione_it.html>. Acesso em: 7 abr. 2009.

GUARDINI, Romano. *Persona e libertà.* Brescia: La Scuola, 1987.

JAPIASSU, Hilton. Ciência e religião: articulação de saberes. In: SOTER (org.). *Religião, ciência e tecnologia.* XXII Congresso da Soter, realizado de 6 a 9 de julho de 2009 em Belo Horizonte. São Paulo: Paulinas, 2009.

MARCHIONNI, Antonio. *Ética;* a arte do bom. Petrópolis: Vozes, 2008.

PENNISI, Michele. *Riflessioni e prospettive emerse in occasione dell'Assemblea Generale della CEI del 25-29 maggio 2009.* Saluto alla Consulta Nazionale di Pastorale della Scuola dell'11 giugno 2009. Disponível em: <http://www.chiesacattolica.it/pls/cci_new/bd_edit_doc.edit_documento?p_id=14675>. Acesso em: 20 jul. 2009.

SCHAEFFER, J.-M. *La fin de l'exception humaine.* Paris: Gallimard, 2007.

Paulo César Nodari e mestrandos do PPGEDU-UCS*

Por que a paz?

Educar é sempre um desafio. Educar para a paz agrega ao desafio um comprometimento com uma sociedade mais justa e igualitária. Educar necessita desempenhar um papel fundamental no intuito de possibilitar a sensibilização de todos para as questões como a justiça e a paz, contribuindo não só para a percepção, mas principalmente para a formação de uma consciência de paz. Trata-se não só de conscientizar alunos, mas também professores, pais, família e toda a comunidade, chamando-os para um compromisso, uma postura e uma prática de paz.

Por que a paz se constitui numa questão urgente e emergente em nossa sociedade? Por que a paz é tema recorrente em campanhas publicitárias? Por que a paz não pode ser só um *slogan* publicitário? Por que ela não pode ser definida simplesmente como ausência de guerras? Por que a paz não pode ser compreendida apenas como concessão do Estado aos seus

---

* Este texto foi motivado pela disciplina *Educação para a paz e para a não violência* (1º Semestre de 2009), ministrada pelo professor doutor Paulo César Nodari, no Programa de Pós-Graduação em Educação, nível Mestrado, da Universidade de Caxias do Sul (PPGEDU-UCS). A todos agradecemos, em especial a Vânia Marta Speiorin, relatora desta reflexão, sob supervisão do professor Paulo Nodari. Demais coautores: Alencar Buratto Zeni, Cineri Fachin Moraes, Flávia Melice Vergani Canalli, Gisele Rizzon, Janaina Peruccini, Jordana Bogo, Karin Zanotto, Lisiane Reis Brum, Maria Alice Bogéa Praseres, Monica D'Andrea Marcon, Nestor Basso, Roque Maria Bochese Grazziotin, Suzete Grandi.

cidadãos? Por que a paz, num horizonte aberto, não se identifica tão somente com o equilíbrio e a imperturbabilidade de espírito? Por que a paz exige atitude comportamental do ser humano e está intrinsecamente relacionada com a justiça e com o direito?

Dentre as muitas perguntas que poderíamos fazer, referimo-nos acima a algumas que podem estar intimamente ligadas ao problema da paz. Mas por que falar em problema da paz? Antes de prosseguir, precisamos dizer algo sobre o que compreendemos por "problema". Em termos gerais, problema é sempre mais que uma simples questão. Problema é uma pergunta com a finalidade de investigação. Dizemos isso justamente porque a paz, embora seja uma questão tão antiga e sempre presente e pertinente nas discussões e preocupações, resiste e se opõe à penetração de nossa inteligência. Ela se constitui, por conseguinte, numa incógnita e numa dificuldade premente, ou seja, nós não conseguimos compreender por que temos tanta dificuldade e resistência em assumir uma postura favorável à paz e contra a violência. Em outras palavras, poderíamos afirmar não existir uma explicação única e simples a respeito das razões de tanta violência em nossa sociedade e em nosso ambiente educacional.

À luz dessa breve apresentação da questão em foco, gostaríamos de dizer que este texto tem a finalidade de problematizar a questão da paz, isto é, queremos pensar a paz como problema de investigação. Não aceitamos a tese de que a paz é simplesmente tema para belíssimas reflexões de interiorização, de caminhadas, de dizeres, de *slogans* e assim por diante. Queremos, por isso, por um lado, problematizar a lógica da violência e a cultura da morte, fortemente presente em nossos ambientes societários e, por outro, buscar explicações para a onda e o fenômeno disseminado de medo e de violência em nossas sociedades. Fomentamos, por conseguinte, a urgência da *cultura da paz*. Não podemos permanecer indiferentes à realidade e aos acontecimentos que nos cercam. Precisamos assumir convictamente em sã consciência que a paz não é algo natural e espontâneo. É, antes, um esforço e uma construção racional. É um processo de reflexão, de engajamento, de trabalho, de sacrifício e de convicção.

Entretanto, a fim de compreender o que está acontecendo à nossa volta, não basta ater-nos aos episódios em si isoladamente. Não é prioritário, para nosso intento, analisar em detalhes um determinado "episódio de violência" em nosso estado, o Rio Grande do Sul, e, mais especificamente, em nossa região serrana. Queremos, outrossim, apresentar alguns elementos que auxiliem a compreender melhor a realidade que ora se apresenta. Vemos como plausível, é bom dizer desde já, pensar um mundo sem tanta violência. É evidente que é muito difícil, se não impossível, sustentar a tese da eliminação absoluta da violência. Mas cremos ser possível minimizar, ou seja, diminuir o grau de violência com relação ao momento atual, pois temos visto a violência manifestar-se de inúmeras maneiras e assolando a vida sociocultural do ser humano.

Se observarmos a história que constitui a civilização da humanidade e fizermos o esforço para compreender o ser humano e suas manifestações no decorrer de toda a história da humanidade, constataremos que existiram distintas maneiras de ler, analisar e compreender tanto a violência como a paz. Para o propósito desta reflexão, basta afirmar que já não é mais possível aceitar, isolada, restritiva e exclusivamente, dentre muitas outras, as seguintes teses, ainda presentes nas diferentes concepções e leituras atuais, quando feitas de maneira isolada e sem uma perspectiva mais abrangente: "a paz não é apenas encontrar e aproximar-se da ordem natural"; "se quiseres a paz, prepara-te para a guerra"; "a paz não é pura e exclusivamente uma dádiva de Deus à humanidade"; "a paz é fruto da imperturbabilidade do espírito"; "a violência é conatural ao ser humano, por isso não adianta buscar a paz"; "a paz é uma atitude comportamental"; "a paz é uma questão de diálogo e consciência crítica".

Diante de tais afirmações, cremos ser possível sustentar a tese de que a busca da paz é um caminho movente e dinâmico. Urge, portanto, ter em consideração as diversas concepções, contribuições de escolas e de tradições justamente para tentar compreender o ser humano na perspectiva de uma concepção mais ampla e completa. Para ampliar e trazer essa reflexão mais próxima do cotidiano de nossa vida, lembramos que, no início do ano letivo de 2009, especificamente entre os meses de março e abril, vimos a violência escolar bater às portas de várias cidades gaúchas. No estado do Rio Grande do Sul, em Caxias do Sul, uma professora da educação infantil da rede municipal de ensino foi demitida por "supostamente" ter colocado fita adesiva na boca de uma criança. Em Porto Alegre, uma aluna agrediu a professora porque ela a repreendeu. No município de Canoas, houve casos de agressão a educadores. Novamente em Caxias do Sul, uma notícia de desentendimento entre professor e direção. E a lista de tristes episódios parece não parar mais. Tais cenas evocam um questionamento bastante sério.

Que tipo de ser humano, afinal, queremos e estamos construindo neste início de século XXI? Podemos afirmar que o ser humano de nosso tempo edificou uma vida que curiosamente o sufoca. Diante da pressão, da competitividade diária com seu semelhante no ambiente de trabalho, no lazer, mesmo na família, o ser humano foi elaborando um plano executivo de vida exageradamente alicerçado sob o âmbito particular em vez do coletivo. Para que ele não caia, não sucumba e não seja passado para trás, esse ser humano apresenta-se mordido pelo egoísmo – parafraseando Frei Betto, ele é picado pela mosca azul (Frei Betto, 2006).

As manchetes dos jornais têm-nos chocado ao expor tais conflitos envolvendo educadores e estudantes. De um lado, professor agredindo aluno em sala de aula; de outro, alunos agredindo educadores e colegas no interior do colégio. Parece que estamos reféns da insegurança, do medo, da inconsequência, que reflete seu preço apresentando riscos à vida humana. A impressão é a de que a educação perdeu a autoridade, perdeu a capacidade de reagir pacificamente diante dos fatos e das manifestações vividas no ambiente escolar. O que se vive realmente no campo educativo é um momento de crise em suas diversas dimensões e instâncias.

Não obstante a crise seja compreendida na maioria das vezes em sentido negativo, queremos nesta reflexão analisá-la numa perspectiva diferente. *Grosso modo*, a crise não tem, necessariamente, significado negativo, como tende a ser vista de acordo com a ótica da violência. Legitimar a violência é o que menos desejamos. Todavia, a crise pode ter um aspecto positivo. Ela surge não apenas para pôr embates e rupturas em evidência, mas também para provocar uma séria e profunda reflexão em todos os personagens envolvidos, que têm sob sua responsabilidade a busca de soluções. No caso do meio escolar, esses personagens não são somente alunos, professores e funcionários das instituições de ensino, mas também pais (família), autoridades e comunidade em geral. A fim de articular uma reflexão mais aprofundada dessa problemática, ousamos levantar alguns apontamentos e questionamentos. Queremos dizer que algo diferente, ligado à cultura de paz, precisa ser pensado pelo e para o eixo educacional. Embora se saiba que educar é sempre um processo complexo, não há dúvida que é pela educação que se consegue chegar às soluções mais eficazes para superar as armadilhas de tempos difíceis.

A investigação sobre os motivos que levam a uma atitude de desrespeito e violência, seja ela da parte do professor ou do estudante, no nosso entender, é um dos primeiros passos a ser adotado pela sociedade antes de fazer julgamentos apressados e superficiais. Uma pergunta oportuna é a seguinte: Que atitudes ou pensamentos movem o ser humano a agir com brutalidade e violência? Muitas de nossas crianças têm demonstrado precocemente atitudes pouco dóceis com relação ao próximo! Será que ao lado de bons e responsáveis profissionais aparecem tanto professores desinteressados com sua profissão como também pais descomprometidos com seus filhos? Por quê?

Talvez possamos afirmar que a convivência com situações de violência pode acarretar efeitos de caráter negativo à prática docente e à vida dos estudantes, impulsionando atitudes agressivas e afetando o professor, podendo anular ações pedagógicas eficazes. Essas situações podem revelar alguns indícios de brutalidade e podem propiciar o surgimento ou o aprofundamento de situações violentas. Logo, a realidade existente não pode ser vista como fruto do acaso. Em outras palavras, pequenos incidentes não foram resolvidos no seu devido tempo tanto em casa como na escola, entre familiares e entre colegas, podem transformar-se, mais tarde, em situações de agressão e violência. Nisso não falamos apenas em conflitos "caseiros", que trazem em seu bojo agressões físicas, mas também naqueles conflitos cuja origem está na indiferença, no olhar de censura, na violência mental, na violência de gênero e de espécie. Há, pois, muitos modos de poder magoar e agredir alguém, até mesmo por meio do silêncio.

A falta de atenção e de investimentos na educação por parte dos governos e a carência de professores bem preparados, com vocação para o ensino, nas redes municipal e estadual, são outros fatores que preocupam e agravam o flagelo e as dificuldades no campo do ensino. A educação é um direito básico, assegura nossa Constituição Federal. Porém o acesso ao ensino, o salário de quem trabalha na área e as estruturas funcionais estão longe de ser condizentes com a legislação. As autoridades governamentais, em todas as esferas, normalmente, não pensam, não elaboram e não executam ações adequadas à importância que a educação tem para a formação e construção de uma sociedade sadia, equilibrada, desenvolvida e humanitária. Os governantes, o mais das vezes, preferem dar ênfase àquelas ações que carregam consigo apelo publicitário e acabam esquecendo e ignorando as que são fundamentais para a consolidação de uma sociedade culta e justa.

A educação é uma das pedras fundamentais sobre a qual se assenta uma nação forte, competente, criativa e democrática. Alguns países nórdicos e até mesmo do Oriente são exemplos que comprovam tal afirmação. Apesar de diversas autoridades não enxergarem isso, nós não podemos transferir somente às autoridades aquilo que também é de nossa competência. Culpar os governos ou os meios de comunicação talvez seja um ato de comodismo e não faz o professor ser mais ou menos interessado em aprimorar seus conhecimentos, suas técnicas e suas habilidades em sala de aula, nem mesmo torna o aluno mais interessado nos conteúdos curriculares programados.

O ano de 2000 foi declarado Ano Internacional por uma Cultura da Paz e a década de 2001-2010 foi estabelecida como a Década Internacional por uma *Cultura de Paz e Não Violência* para as Crianças do Mundo. Contudo, o que estamos presenciando é uma fase de "nervos à flor da pele", diante de tantas mudanças comportamentais, sociais, comerciais, tecnológicas e industriais. Todas elas influenciam diretamente nas atitudes que adotamos ou deixamos de adotar em prol da prevenção e combate aos conflitos. Como diz Jares:

> [...] em todos os períodos históricos houve circunstâncias objetivamente difíceis, superadas pelo engenho, pela resistência, pela luta, pela conciliação, mas em nenhum caso foram vencidas com indignação e indiferença (2007, p. 13).

As mudanças atuais aparecem em todas as esferas da sociedade. A globalização gerou muitos avanços tecnológicos, culturais, mercadológicos, e desenvolvimento em vários pontos do universo, mas trouxe também dificuldades à vida das pessoas. São transformações que já ocorreram e continuam ocorrendo em grande velocidade na economia, na comunicação, nas práticas culturais e artísticas, na área da crítica e da produção do conhecimento, entre tantas outras. Em meio a tudo isso, as pessoas, incluindo nossos alunos e educadores, precisam, por sua vez, mudar seus hábitos e seu cotidiano. São convidadas, ou melhor, forçadas, quase condicionadas, a se adaptar à moda, à alimentação e ao consumo do momento, ao material escolar da vitrine, ao brinquedo de grife, à tecnologia de última geração, ao ritmo que acomete os lares e os espaços de convivência. Ocorre o que Bryman chama de "disneyzação da sociedade", uma espécie de força globalizadora, cuja força motriz é a propensão ao consumo.

> A disneyzação substitui a monotonia cotidiana das experiências homogeneizadas de consumo por experiências frequentemente espetaculares. Além disso, a disneyzação busca remover nos consumidores sua necessidade de satisfazer com frugalidade necessidades básicas, instigando-os a consumir além das meras necessidades (2007, p. 19).

Encontramo-nos num momento de profundas e velozes transformações. A sociedade evoluiu muito rápido. Com isso, uma série de valores está sendo contestada, modificada e até substituída. As cidades cresceram. Aumentou o número de pessoas nas cidades. As famílias mudaram. A rede de relações se ampliou. Os modelos de identificação se multiplicaram e muitas pessoas parecem estar perdidas, desorientadas, diante de tantas transformações. Esses dados não justificam, mas nos ajudam a compreender o momento pelo qual estamos passando. Em tal conjuntura, precisamos estar atentos para que a complexa rede de relações não nos torne como que "coisas", como que "objetos", a ponto de legitimarmos as mazelas do mundo em que nos encontramos. Se a acomodação e a indiferença tomarem conta dos nossos ambientes de convivência e não levarmos a sério o compromisso com a construção de uma sociedade de paz, corremos o risco de ver crescer situações de violência e mais injustiças em vez de vislumbrar uma sociedade mais justa e fraterna. Essa aceleração cotidiana, influenciada pelo mercado de bens culturais e comerciais, tem afetado as relações entre pessoas, grupos e culturas. O tempo está cada vez mais escasso. Não existe tempo para mais nada na agenda. Os minutos "sobrantes" são usados para animosidades, em vez de ser aplicados em ações de carinho, de companheirismo, de troca de experiências culturais, porque o escutar e compreender o outro demanda exercício de tempo e paciência.

Educar pressupõe amar. Mas o tempo está escasso. A canção de Renato Russo já nos dizia "É preciso amar as pessoas como se não houvesse amanhã [...]". As relações humanas, tanto no ambiente da educação como em outros ambientes e também circunstâncias, seriam muito diferentes se essas poucas palavras fossem tidas como uma espécie de mandamento, em vez de servirem apenas como *slogan*. Por isso precisamos abrir possibilidades de discussão sobre a "pedagogia da convivência" (Jares, 2009). Nesse sentido, reafirmamos nossa confiança e esperança em uma cultura pacifista, porque a paz é atitude de comportamento. E as posturas e os costumes de nossas crianças e de nossos professores começam, em primeiro lugar, por ser aprendidos em casa e se estendem à escola, ao bairro, à vida em sociedade, à universidade.

Educar para uma cultura de paz no século XXI consolida as reivindicações feitas por diversas culturas no decorrer dos séculos.

Não falamos de uma paz mascarada nem apenas simbólica, tampouco bonita só no papel ou nos cartazes em datas comemorativas. Falamos de uma paz efetiva. Fazemos menção a uma paz para toda a humanidade, que rogue por justiça e compaixão. Mudar a realidade de conflitos e de julgamentos apressados e fechados ao diálogo e de agressões à possibilidade da formação de uma cultura da paz, sabendo, no entanto, que a cultura da não violência exige compromisso e envolvimento sistemático de todas as pessoas, comunidades, instituições e nações. Assim, quem sabe, episódios de violência que atingiram e atingem famílias, escolas e instituições possam nos comprometer a todos na busca de soluções plausíveis. Tais acontecimentos revelam a realidade a ser pensada por todos nós e por todos os segmentos da sociedade. Embora seja sumamente importante a busca tanto do julgamento como da proteção, tanto das vítimas como dos agressores, em casos de agressão e violência, acreditamos não ser suficiente buscar os culpados de quaisquer gestos e atos de agressão e violência. Temos de pensar uma sociedade capaz de convivência. Precisamos aprender a conviver. Um caminho muito sensato é assumir com seriedade o compromisso e a responsabilidade tanto pessoal como social da formação e da construção de uma sociedade alicerçada sobre a sabedoria da convivência, do diálogo e do respeito.

Nesse sentido, afirmamos que a busca da cultura de paz não é só uma questão de estruturas. É, acima de tudo, uma questão de pessoas. Ou seja, estruturas e mecanismos jurídicos, políticos e econômicos são necessários, mas gestos de paz nascem da vida de pessoas que cultivam constantemente no próprio espírito atitudes de paz. Gestos de paz criam uma tradição e uma cultura de paz. Em outras palavras, precisamos urgentemente aprender a ser pessoas de paz, dominando os impulsos de agressão, de vingança e de violência. Como cidadãos que somos, podemos e devemos assumir uma postura de educadores para a paz. Não existem receitas nem manuais, mas sim a possibilidade e a necessidade de ações a favor da paz. Pequenos gestos e pequenas atitudes podem nos tornar interlocutores e protagonistas da paz. No nosso dia a dia, normalmente, fazemos parte de distintos grupos de amigos, de escola, de trabalho, de lazer, de religião. Temos contato com várias pessoas, cada uma do seu jeito, com seus interesses, suas facilidades, suas dificuldades, seus gostos. Somos diferentes e temos de aprender a viver na diversidade.

Infelizmente, a história da humanidade tem sido marcada por conflitos que evidenciam cada vez mais as diferenças entre as pessoas: conflitos religiosos, distinção entre as raças, questões culturais, ideológicas, enfim, subversões que implicitamente asseguram que para haver paz é necessário que as pessoas pensem da mesma forma. Mas isso não é necessária e exatamente assim. Falar em construir a paz não significa abdicar de discussões ou refutar opiniões. Falar de paz é poder questionar, discutir, conversar. Paz é diálogo, é respeito à individualidade e à diversidade humana. Pensar a paz é pensar nas pessoas que estão envolvidas nesse processo.

Desse modo, sinais de paz surgem quando cultivamos constantemente em nós o espírito e atitudes de paz, respeitando a subjetividade e a individualidade de cada cidadão. Assim, recordando o que diz a *Carta de Princípios do Movimento Nacional de Direitos Humanos* (MNDH), escrita em 1986, o primeiro parágrafo mostra que a desigualdade é um dos empecilhos para a conquista da paz e que é necessário insistir na justiça. O texto ressalta:

> A caminhada pelos direitos humanos é a própria luta do nosso povo oprimido, através de um processo histórico que se inicia durante a colonização e que continua, hoje, na busca de uma sociedade justa, livre, igualitária, culturalmente diferenciada e sem classes.

Esse entendimento nos leva a reafirmar que a luta pelo bem-estar das pessoas e por ambientes pacíficos não para nunca. Não é, por conseguinte, um conceito estático. Não é simplesmente ausência de guerra, pois nenhuma paz está ao abrigo de toda a ameaça de guerra. É um processo dialógico e não violento de respeito e construção coletiva. Kant, em sua obra *À paz perpétua* (1795), afirma que a paz é algo que precisa ter fundamento jurídico e político, uma vez que ela pode ser efetivada por um processo no qual há vários atores envolvidos, ou seja, é uma produção humana coletiva a ser buscada.

Nesse movimento, cada um poderá sentir-se como alguém que busca sua perfeição. Os seres humanos devem ser entendidos como seres que almejam alcançar a perfeição por meio da própria atividade. Essa característica é de significado fundamental para compreender o ser humano como um ser que está em busca contínua da realização pessoal. O ser humano é um ser aberto e inacabado. Ou seja: em sua unicidade e singularidade, o ser humano não nasce pronto. Apresenta-se como já efetivado, mas também como possibilidade ainda existente. Deve permanentemente construir e conquistar o seu ser. Assim sendo, o grande desafio do ser humano é esse processo de construção do seu ser. O que cada um é e será não está estabelecido e determinado de antemão. Seu comportamento não está previamente determinado a partir dos instintos. A abertura contínua caracteriza sua vida. Seu ser é, em primeiro lugar, uma busca *de* si, ou seja, ele é, essencialmente, desafio. Sua efetivação não está garantida de antemão. Está submetida a situações determinadas e, às vezes, adversas, pondo-se, consequentemente, sempre em jogo. O ser humano enquanto tal é, então, o ser da ameaça permanente, ameaça em relação a seu próprio ser, que se pode perder. Ele está sempre sob o apelo de criar as condições necessárias para efetivar-se.

De fato, em tudo o que pensa, deseja, quer e busca realizar, o ser humano sempre ultrapassa os limites já atingidos pelo pensamento, pelo desejo, pela vontade, pela ação, pelo trabalho. Nunca está satisfeito consigo mesmo. Ele está sempre inquieto. Lança-se cada vez mais para frente, a fim de conseguir metas sempre mais elevadas. Ele não pode ser considerado, por isso, de antemão, um ser perfeito. Deve, porém, ser visto como um ser de possibilidade, plenamente capaz, por conseguinte, de colocar-se, jogar-se e engajar-se no processo contínuo e permanente do melhoramento. Apesar de a perfeição ou a plenitude serem situações até utópicas, são elas que o homem sistematicamente procura na convivência social.

Assim sendo, urge colocar a questão do significado da vida e tentar esboçar uma resposta. Nessa linha, faz-se necessário articular um sentido novo de vida para o ser humano. Clama-se, então, por uma nova espiritualidade, que articule um encontro novo do ser humano com a vida, com a história, com o mistério do mundo, com a razão da evolução e com o Absoluto, uma vez que o potencial de perigo contido, sobremaneira, nas agressões e na violação dos direitos humanos, nas injustiças sociais cada vez mais gritantes, e na ameaça de destruição da vida humana no mundo, reivindica uma resposta engajada e consciente do ser humano. Faz-se urgente uma orientação ética, uma vez que o ser humano constitui, na criação, um ser ético capaz de apreender a realidade, refletir, decidir. Faz-se responsável. Pode dar uma resposta à proposta que vem da criação, pois o ser humano e a criação encontram-se frente a frente. É responsável pela criação, pela natureza.

O ser humano, dentro dessa nova perspectiva, é *guarda* da criação e não seu *dominador*. Ele é parte da própria criação. Ele vive eticamente quando renuncia a dominar os outros para estar junto com os outros, quando se faz capaz de entender as exigências do equilíbrio ecológico, dos seres humanos com a natureza e dos seres humanos entre si, sendo, mesmo, capaz de impor limites a seus próprios desejos, pois a ética ecológica faz lembrar que o ser humano não é apenas desejo, mas, antes de tudo, ser de responsabilidade e de solidariedade. É ser de comunhão, de relação integradora e vivificante. É com essa visão aberta que precisamos escutar o que o momento atual tem a nos dizer. Assim, o compromisso pela libertação integral da pessoa humana inclui, necessariamente, o mundo no qual o ser humano vive.

Nessa nova perspectiva, o ser humano deve ser compreendido como um nó, uma vertente de relações, voltada para todas as direções. É pessoa. É um ser aberto à participação, à solidariedade e à comunhão. E isso porque, quanto mais o ser humano se comunica, sai de si, doa-se e recebe o dom do outro, tanto mais ele se realiza enquanto pessoa que é. Ele é inteligente e livre. Não quer ser apenas beneficiário, mas participante do projeto coletivo. Só assim se faz sujeito da história. Mas, para tanto, cada um precisa se sentir tanto singular como diferente, na medida em que pensa e participa da construção do projeto comum, impedindo, portanto, que a diferença se transforme em desigualdade, pois a igualdade na dignidade e no direito sustentam a justiça social de uma mesma e única humanidade.

Tanto o construir como o vivenciar a paz não é como se fosse apropriação de um objeto. É muito mais, como algo, uma força vital que se move e deve ser assumida e construída por nós. É uma capacidade que permite pensar a diversidade constitutiva dos povos e na unidade da diversidade das culturas, povos e nações. Em diferentes esferas, sejam elas socioculturais, sejam escolares, a paz pode ser considerada de diversas maneiras e refletida em diferentes formas de agir. Os líderes nessas instâncias agem distintamente, porque especialmente na diversidade é que a paz se faz presente. "A paz não é um estado dado, mas algo a ser instaurado e construído por nós, e da qual não somos clientes ou seus beneficiários, mas sujeitos e cocriadores" (Guimarães, 2005, p. 191). Essa postura perpassa todas as organizações, quaisquer que sejam: militares, sociais, políticas, religiosas, educacionais. O que auxilia no embate desses grupos e instituições não é o grau e a escala de poder que as determina, mas sim o diálogo incansável pela construção de uma cultura de paz que permita que a diversidade faça parte e enriqueça o todo.

A construção de uma cultura de paz necessita de um exercício generoso de diálogo entre os seres de forma individual e coletiva e, dessa forma, a paz é sempre vista como uma construção de todos e não um simples decreto deste ou daquele poder. Exatamente por residir na heterogeneidade, ela nos permite pensar em uma cultura de paz, mas talvez possamos, mesmo, falar de culturas de paz. Portanto, sendo um processo infindo, devemos refletir e construir a paz. Segundo Guimarães:

> [...] como permanente possibilidade de efetuação, a paz ao mesmo tempo se dá e se perde, se revela e se esconde, mostrando-se na sua eventualidade, imperfeição e incompletude" (2005, p. 192).

Sendo assim, como educadores, na busca e na construção de uma cultura de paz e da resolução e superação de conflitos, temos condições de contribuir para a superação das várias formas de violência e injustiça. Diz-nos Freire:

> Gosto de ser gente porque, mesmo sabendo que as condições materiais, econômicas, sociais e políticas, culturais e ideológicas em que nos achamos geram quase sempre barreiras de difícil superação para o cumprimento de nossa tarefa histórica de mudar o mundo, sei também que os obstáculos não se eternizam (1996, p. 54).

Sendo o conflito e os desafios constitutivos da existência humana, a linguagem dialógica se torna, por excelência, o meio, a instância, talvez o "mundo" privilegiado para a busca da paz. Na e pela linguagem a paz encontra espaço propício para se desenvolver enquanto âmbito e espaço argumentativo. Trata-se de privilegiar um amplo e aberto processo democrático, reflexivo e crítico. Esse espaço argumentativo assume uma dupla dimensão. Por um lado, é preciso criticar todas as formas de violência na tentativa de buscar critérios de análise e compreensão de como ocorre a produção e a expressão da violência na sociedade, construindo, por sua vez, um sistema capaz de vigilância e de controle a tais mecanismos de produção. Por outro lado, urge pensar e efetivar alternativas e possibilidades que se concentrem no planejamento, detalhamento e caracterização de uma agenda e de um projeto de paz arrojado, ainda que seja enquanto exercício de imaginação utópica.

Nessa perspectiva, será possível olhar a violência e a guerra não mais como a última palavra sobre a realidade, uma espécie de sentença à qual todos estão condenados. A paz é mais forte do que a violência. Urge dar à paz contornos mais bem definidos e ousados. A paz não é algo acabado ou um objeto do qual detemos a posse como se fosse uma espécie de mercadoria. A paz é muito mais um acontecimento. É uma atitude. É um comportamento. É um processo com o qual devemos nos engajar. É um projeto de ação de forma a incluir o corpo social, político e econômico numa ampla e solidária visão de paz. O projeto poderá virar movimento em curso, muito mais do que uma simples meta a ser alcançada estática e individualmente. Por isso não podemos aceitar passivamente a violência. Pelo contrário, temos de nos indignar diante de gestos e atitudes de agressão e violência, sejam eles cometidos por quem for. É compromisso inadiável de cada um e de todos. É a capacidade de assumir com responsabilidade os conflitos existentes e emergentes, buscando resolvê-los sem causar mais violência. E isso significa assumir com convicção e paixão a educação como possibilidade de instauração da paz. Afinal, cada cidadão é, de um modo ou de outro, um potencial educador e guardião da paz.

Referências bibliográficas

BRYMAN, Alan. *A disneyzação da sociedade.* Aparecida: Ideias & Letras, 2007.

FREI BETTO. *A mosca azul.* Reflexão sobre o poder. Rio de Janeiro: Rocco, 2006.

FREIRE, Paulo. *Pedagogia da autonomia;* saberes necessários à prática educativa. São Paulo: Paz e Terra, 1996.

GUIMARÃES, Marcelo Rezende. *Educação para a paz;* sentidos e dilemas. Caxias do Sul: Educs, 2005.

JARES, Xesús. *Educar para a convivência.* São Paulo: Palas Athena, 2009.

_____. *Educar para a paz em tempos difíceis.* São Paulo: Palas Athena, 2007.

KANT, Immanuel. *Paz perpétua e outros opúsculos.* Lisboa: Edições 70, 1995.

MULLER, Jean-Marie. *Não violência na educação.* São Paulo: Palas Athena, 2006.

_____. *O princípio da não violência.* Uma trajetória filosófica. São Paulo: Palas Athena, 2007.

Paulo César Nodari*

Por que a vida?[1]

> "Escolhe, pois, a vida."
> (Dt 30,19)

Que é a vida? Vida é, hoje, talvez, um dos termos mais usados por todas as pessoas e em muitas ocasiões. Não temos muito rigor com o termo quando o pensamos e o pronunciamos. Não será aqui o momento para uma análise etimológica do termo vida. O objetivo que ora nos envolve não tem como foco a análise pormenorizada do termo. Trata-se, outrossim, de refletir alguns aspectos acerca da vida. *Grosso modo*, podemos dizer que existem dois modos de encarar a vida: um do ponto de vista biológico, ou seja, natural; outro se relaciona mais ao dar sentido à vida como tal. Para este momento, tomaremos, sobremaneira, o segundo aspecto, ou seja, o aspecto do sentido que damos à vida. Mais especificamente, consideraremos o valor da

---

* Graduação em Filosofia pela Universidade de Caxias do Sul e em Teologia pela Pontifícia Universidade Católica do Rio Grande do Sul. Mestrado e doutorado em Filosofia pela Pontifícia Universidade Católica do Rio Grande do Sul. Professor na Universidade de Caxias do Sul.

[1] A primeira versão deste texto foi apresentada no "Projeto Café e Debate: Conexão Razão-Fé-Vida", na Paulus Livraria de Caxias do Sul, no dia 11 de outubro de 2008.

vida desde o ponto de vista cristão, a fim de fazer a ligação com o próximo tema, a saber, a fé.

Os avanços tecnológicos e suas consequências

O mundo mudou radicalmente. Vive-se uma transformação social, econômica e política que se faz acompanhada, sustentada e articulada por uma grande transformação ético-cultural. Essa mudança interveio como sinal de ruptura com o mundo da assim denominada Era Industrial. Algumas características manifestam mais claramente os sintomas dessa ruptura radical. Desenvolve-se um novo modo de produção. Constitui-se um novo modo de consumo. Advém, por ironia do destino, uma crise ambiental jamais imaginada. Fundamenta-se um novo modo de relacionamento entre as pessoas. Ocorre um crescimento abissal da assimetria entre pobres e ricos. Fortifica-se cada vez mais a crise das instituições clássicas (Estado, Igreja, sindicatos, escola, família etc.).

Com os avanços da ciência e da tecnologia o mundo se tornou uma aldeia global. Emerge a ideia de que a ciência e a tecnologia nos levarão a um reino terrestre de grande prosperidade e ociosidade. A globalização está na ordem do dia (Bauman, 1999). É uma palavra da moda que se transforma rapidamente em um lema, um encantamento mágico, uma senha capaz de abrir as portas de todos os mistérios presentes e futuros. Para alguns a globalização é o que se deve fazer caso se queira ser feliz. Para outros ela é causa de muita infelicidade. Mas para todos a globalização é o destino irremediável do mundo. É um processo irreversível. É também um processo que afeta a todos na mesma medida e da mesma maneira. De um modo ou de outro, todos estamos sendo globalizados, e isso significa basicamente o mesmo para todos.

A economia global está atravessando uma mudança radical na natureza do trabalho, com profundas consequências para o futuro da sociedade. Na Era Industrial o trabalho humano massificado coexistia com as máquinas para produzir bens e serviços básicos. Na Era do Acesso máquinas inteligentes, na forma de programas de computador, da robótica, da biotecnologia, substituíram rapidamente a mão de obra humana na agricultura, nas manufaturas e nos setores de serviços (Rifkin, 2004, p. XXV). Segundo a lógica reinante do mundo globalizado, comandado pelas linhas mestras da tecnologia, uma multidão de seres humanos se encontra sem razão plausível para viver neste mundo. A ideologia de sustentação da economia do mercado é excludente e busca eliminar quem não entra e consegue seguir seus parâmetros. Deve-se executar o ofício de separar e eliminar o refugo do consumismo. A preocupação principal é não perder o privilégio e o padrão de vida e consumo (Bauman, 1998, p. 24). Um dos efeitos perversos da globalização pela via do mercado total é o mundo dos excluídos. O mundo dos pobres não é formado apenas por empobrecidos, mas por prescindíveis, isto é, por aqueles que não contam. Com a concepção do consumo, uma economia de rapinagem está destruindo a natureza, atentando contra a biodiversidade e ameaçando a vida. As novas tecnologias, cada vez mais, dispensam mão de obra, formando um exército de mão de obra de reserva (Brighenti, 2004, p. 72).

Diante dos pontos destacados, nossa civilização vive uma crise de sentido. E nessa crise de sentido, segundo nos parece, três são, sobretudo, os nós emblemáticos a ser desatados. Em primeiro lugar, o *nó da exaustão dos recursos naturais não renováveis*. Em segundo lugar, o *nó da suportabilidade do planeta Terra*. Em terceiro lugar, o *nó da injustiça social*, ou seja, do abismo entre pobres e ricos. Fala-se aqui em crise, primeiramente, porque esses três nós emblemáticos estão indissoluvelmente ligados a algumas situações de vergonha: à vergonhosa discriminação racial e cultural; à vergonhosa violação dos direitos humanos; à vergonhosa eliminação dos denominados analfabetos das novas tecnologias; e à vergonhosa apatia e inércia com relação à vida dos pobres, que não contam no mundo do mercado. Depois se fala em crise porque tais violações caminham lado a lado com a degradação do meio ambiente, ou seja, com a crise ambiental. Numa palavra, a queda do ser humano é também a queda do meio ambiente. Concomitantemente, a queda do meio ambiente é a queda do ser humano. E essa queda, *grosso modo*, pode ser vista como consequência do modo como até hoje o homem se compreendeu e se compreende enquanto ser presente e atuante no mundo.

Os perigos que ameaçam a humanidade estão cada vez mais evidentes. A extinção completa do gênero humano é uma possibilidade. Ninguém desconhece que o problema da viabilidade do planeta se apresenta dramaticamente. A diminuição da camada de ozônio, o aquecimento pelo efeito estufa, o empobrecimento dos solos e do meio ambiente, o problema da água e dos resíduos industriais, o desmatamento, o esgotamento dos recursos naturais, a superpopulação, o fosso econômico entre o hemisfério norte e o hemisfério sul, o abismo entre pobres e ricos, a discriminação racial, o fundamentalismo, o terrorismo e a instabilidade do mundo são fatores presentes na mente de todos. São aspectos preocupantes. Não é possível ignorar tais problemas. Tal situação, portanto, exige de todos nós uma radical revisão dos quadros intelectuais, dos posicionamentos e ações.

O surgimento de tais problemas planetários leva a uma reestruturação da compreensão do homem no mundo. Deve-se aprender a pensar além dos nivelamentos regionais e nacionais. Vive-se num mundo que, agora sabemos, é complexo. As diversas partes do mundo estão ligadas por uma interdependência radical. Por sua vez, a crise tem como característica principal existir em nível planetário. Por isso a virada para a qual queremos nos preparar, sabemos, não se restringirá à história local e a um período da história determinado, mas, pelo contrário, abarcará a civilização humana em seu conjunto. Assim sendo, os quadros mentais habituais, os raciocínios corriqueiros devem ser desestruturados. Devem passar por uma análise crítica de revisão e até de desconstrução. Para pensar o mundo, em sua globalidade e complexidade, para tornar inteligível a problemática mundial, precisamos abater as barreiras restritivas e fechadas e tomar uma posição firme na encruzilhada da nossa reflexão e ação. Uma grandiosa aventura do espírito humano não está apenas começando como se faz urgente.

Mais do que nunca urge que o homem assuma o compromisso de lutar pela vida do mundo no qual está imerso em situação vital e em diálogo permanente através de suas formas de ser no mundo. O mundo, na sua realidade física, é em si mesmo um bem. O mundo não é apenas bom em si mesmo, também é bom para o homem. Assim sendo, ainda que o mundo não seja o bem supremo do homem, ele se constitui condição concreta e irrecusável, onde cada um deve buscar sua perfeição e realização pessoal. Faz-se necessário articular um novo sentido de vida para o ser humano. Clama-se por uma nova espiritualidade que articule um encontro novo do ser humano com a vida, com a história, com o mistério do mundo, com a razão da evolução e com Deus. Nessa nova perspectiva, o ser humano deve ser compreendido como um nó de relações, voltado para todas as direções, sobretudo para a consciência planetária de que somos cidadãos do mundo e não apenas desta ou daquela comunidade, deste ou daquele país (Boff, 2000), de que vivemos numa comunidade de destino. Ou seja, o destino da espécie humana está associado, indissoluvelmente, aos destinos do planeta e do cosmo. Nós, criaturas e expressão da parte consciente do planeta Terra, precisamos aprender a conviver, democraticamente, com outros seres e a repartir com eles os meios de vida. Trata-se, por conseguinte, de perceber que o universo inteiro repercute em cada um de nós (Forte, 1995, p. 205-220). Formamos uma aldeia global. Somos uma teia de relações (Capra, 1997). Tudo isso nos mostra que os destinos do ser humano e do cosmo estão unidos indissoluvelmente.

O valor da vida é inegociável e inquebrantável

O Magistério da Igreja Católica nos últimos tempos tem dado uma ênfase forte e especial ao valor da vida humana. Devemos nos deixar, por isso, interpelar pelo *Evangelho da Vida* (*EV*), diz-nos João Paulo II, uma vez que a vida humana é inviolável.

> O homem é chamado a uma plenitude de vida que se estende para muito além das dimensões da sua existência terrena, porque consiste na participação da própria vida de Deus (*EV*, n. 2).

A vida humana é um valor precioso incomparável. A vida não pode cair no relativismo. É valor absoluto do início ao fim. A vida humana não pode ser convencional ou negociável (cf. *EV*, n. 20). A vida é dom de Deus, e tendo Deus como fonte ela não pode, por conseguinte, ser coisificada. Sem o Criador a criatura não subsiste. O homem, enquanto criatura, esquecendo-se de seu Criador, tem o valor de si obscurecido (cf. *GS*, n. 36). Para João Paulo II, quem se deixa contagiar por essa atmosfera entra facilmente num terrível círculo vicioso: "[...] *perdendo o sentido de Deus, tende-se a perder também o sentido do homem*, da sua dignidade e da sua vida" (*EV*, n. 21). No *Documento de Aparecida* (*DAp*), a respeito da situação sociocultural, os bispos afirmam que

> vivemos uma mudança de época, e seu nível profundo é o cultural. Dissolve-se a concepção integral do ser humano, sua relação com o mundo e com Deus; "[sic] aqui está precisamente o grande erro das tendências dominantes do último século... Quem exclui Deus de seu horizonte, falsifica o conceito da realidade e só pode terminar em caminhos equivocados e com receitas destrutivas. Surge hoje, com grande força, uma sobrevalorização da subjetividade individual. Independentemente de sua forma, a liberdade e a dignidade da pessoa são reconhecidas. O individualismo enfraquece os vínculos comunitários e propõe uma radical transformação do tempo e do espaço, dando papel primordial à imaginação. Os fenômenos sociais, econômicos e tecnológicos estão na base da profunda vivência do tempo, o qual se concebe fixado no próprio presente, trazendo concepções de inconsistência e instabilidade. Deixa-se de lado a preocupação pelo bem comum para dar lugar à realização imediata dos desejos dos indivíduos, à criação de novos e muitas vezes arbitrários direitos individuais, aos problemas da sexualidade, da família, das enfermidades e da morte (n. 44).

Devemos estar atentos ao uso da ciência e da técnica, que devem estar sempre a favor da vida e não ser usadas como meio de manipulação da vida para benefícios de quem tem dinheiro e poder. "A ciência e a técnica quando colocadas exclusivamente a serviço do mercado, com os critérios únicos da eficácia, da rentabilidade e do funcional, criam uma nova visão da realidade" (*DAp*,

n. 45). Diz-nos João Paulo II, na *Instrução sobre o respeito à vida humana nascente e a dignidade da procriação*, que,

> graças ao progresso das ciências biológicas e médicas, o homem pode dispor de recursos terapêuticos sempre mais eficazes, mas pode adquirir também novos poderes sobre a vida humana em seu próprio início e nos seus primeiros estágios, com consequências imprevisíveis. Hoje, diversas técnicas permitem uma intervenção não apenas para assistir, mas também para dominar os processos da procriação. Tais técnicas podem consentir ao homem "tomar nas mãos o próprio destino", mas expõem-no também "à tentação de ultrapassar os limites de um domínio razoável sobre a natureza". Por mais que possam constituir um progresso a serviço do homem, elas comportam também graves riscos. Desta forma, um urgente apelo é expresso por parte de muitos, a fim de que, nas intervenções sobre a procriação, sejam salvaguardados os valores e os direitos da pessoa humana. Os pedidos de esclarecimento e de orientação provêm não apenas dos fiéis, mas também da parte de todos aqueles que, de algum modo, reconhecem que a Igreja, "perita em humanidade", tem uma missão a serviço da "civilização do amor" e da vida (1987, p. 7).

A vida não pode estar como "uma coisa" a ser manipulada e dominada, violando a liberdade e o processo de humanização. A vida do ser humano não pode ser tratada como objeto de manipulação. Nesse sentido, todos podem e devem prestar seu auxílio e sua valiosa contribuição à reflexão acerca do cuidado que deve prevalecer desde o início até o fim da vida humana. Segundo o documento pastoral do Concílio Vaticano II, tudo quanto se opõe à vida, como seja toda a espécie de homicídio, genocídio, aborto, eutanásia e suicídio voluntário; tudo o que viola a integridade da pessoa humana, como as mutilações, os tormentos corporais e mentais e as tentativas para violentar as próprias consciências; tudo quanto ofende a dignidade da pessoa humana, como as condições de vida infra-humanas, as prisões arbitrárias, as deportações, a escravidão, a prostituição, o comércio de mulheres e jovens; e também as condições degradantes de trabalho; em que os operários são tratados como meros instrumentos de lucro e não como pessoas livres e responsáveis. Todas estas coisas e outras semelhantes são infamantes; ao mesmo tempo que corrompem a civilização humana, desonram mais aqueles que assim procedem, do que os que padecem injustamente; e ofendem gravemente a honra devida ao Criador (GS, n. 27).

A responsabilidade pela vida é tarefa inadiável

É urgente colocar a questão do sentido da vida e tentar esboçar uma resposta, pois o desejo de descobrir a verdade última pertence à própria natureza do homem. Faz-se necessário articular um sentido novo de vida para o ser humano. Clama-se, então, por uma nova espiritualidade que articule um encontro novo do ser humano com a vida, com a história, com o mistério do mundo, com a razão da evolução e com Deus, uma vez que o potencial de perigo contido, sobremaneira, nas agressões e violação dos direitos humanos, nas injustiças sociais cada vez mais gritantes, e na ameaça de destruição do planeta Terra, clama por uma resposta engajada e consciente do homem. Faz-se urgente uma orientação ética. O ser humano constitui na criação um ser ético capaz de apreender a realidade, refletir, decidir. Faz-se responsável. Pode dar uma resposta à proposta que vem da criação, pois o ser humano e a criação encontram-se frente a frente. É responsável pela criação, pela natureza. O ser humano, dentro dessa nova perspectiva, é *guarda* da criação e não seu *dominador*. Ele vive eticamente quando renuncia a dominar os outros para estar junto com os outros, quando se faz capaz de entender as exigências do equilíbrio ecológico, dos seres humanos com a natureza e dos seres humanos entre si, sendo, mesmo, capaz de impor limites a seus próprios desejos, pois a ética ecológica faz lembrar que o ser humano não é apenas desejo, mas, antes de tudo, ser de responsabilidade e de solidariedade. É ser de comunhão, de relação integradora e vivificante. É com essa visão aberta que precisamos escutar o que o momento atual tem a nos dizer (Junges, 1999, p. 86-90). Assim sendo, o compromisso cristão pela libertação integral da pessoa humana inclui, necessariamente, o mundo no qual o ser humano vive.

Nessa nova perspectiva, o ser humano deve ser compreendido como um nó de relações, voltado para todas as direções. É pessoa. É um ser aberto à participação, à solidariedade e à comunhão. E isso porque, quanto mais o ser humano se comunica, sai de si, doa-se e recebe o dom do outro, tanto mais ele se realiza enquanto pessoa que é. Nesse sentido, o novo sonho vem sustentado sobre quatro pernas:

- *participação:* o ser humano é inteligente e livre; não quer ser apenas beneficiário, mas participante do projeto coletivo. Só assim se faz sujeito da história;
- *igualdade:* resulta da participação de todos. Cada um é singular e diferente. Mas a participação impede que a diferença se transforme em desigualdade. É a igualdade na dignidade e no direito que sustenta a justiça social;
- *diferença:* deve ser respeitada e acolhida como manifestação das potencialidades das pessoas e das culturas e como riqueza nas formas de participação. São as diferenças que revelam a riqueza da mesma e única humanidade;
- *comunhão:* o ser humano possui subjetividade, capacidade de comunicação com sua interioridade e com a subjetividade dos outros; é capaz de valores, de compaixão e de solidariedade com os mais fracos e de diálogo com a natureza e com a divindade.

A opção fundamental do cristão deve ser entendida como aquele compromisso que abrange a vida em sua totalidade. O cristão que realiza uma opção fundamental por uma visão global do homem tem uma compreensão consequente da realidade terrestre. Pensa-se na dignidade indestrutível da pessoa humana, que para o cristão se fundamenta na relação com o Deus transcendente. Pensa-se na igualdade fundamental entre todos os seres humanos, que o cristão contempla como consequência do fato da encarnação, em que Deus se fez igual aos homens e às mulheres. Pensa-se capaz de convivência livre com todos os seres criados por Deus. Para os cristãos, a verdadeira liberdade é força de crescimento e amadurecimento na verdade e no bem. Torna-se perfeita quando alcança Deus, porque a liberdade divina é o fundamento último da liberdade humana. A verdadeira liberdade torna o ser humano inteiramente responsável e coloca-o a serviço do bem e da justiça. Quanto mais a pessoa praticar o bem, mais livre será. Assim, o exercício da liberdade verdadeira torna o ser humano responsável. Dá-lhe dignidade. Coloca-o no ascendente amadurecimento, tanto no relacionamento horizontal (relação com os outros e com o mundo) quanto vertical (Deus), pois a liberdade é uma conquista contínua e progressiva. A liberdade é dada ao homem para que se realize a si mesmo, para que ele leve à realização aquilo que a natureza começou nele. A liberdade permite ao homem modelar seu próprio ser. Ser livre é uma opção de vida. Assumir a opção pela vida é um ato de liberdade. É um lento e progressivo processo de conquista. A liberdade, por conseguinte, não é simples manifestação espontânea. Numa palavra, ser livre é aceitar a condição de ser livre.

A liberdade, portanto, como já sabemos, é dada à pessoa humana para a sua autorrealização: para definir seu projeto de humanidade e realizá-lo. No entanto, só a liberdade divina dá à pessoa condições suficientes para que ela se realize plenamente como pessoa, porque a pessoa humana participa da luz e da força do Espírito divino. Pela razão é capaz de compreender a ordem das coisas estabelecida pelo Criador. Pela vontade é capaz de ir ao encontro de seu verdadeiro bem, pois o ser humano encontra sua perfeição na busca e no amor da verdade e do bem. "Finalmente, a natureza espiritual da pessoa humana encontra e deve encontrar a sua perfeição na sabedoria, que suavemente atrai o espírito do homem à busca e amor da verdade e do bem, e graças à qual ele é levado por meio das coisas visíveis até às invisíveis" (GS, n. 15). Logo, em virtude de sua alma e de seus poderes espirituais de inteligência e vontade, a pessoa humana é dotada de liberdade. Mas ela não pode se voltar para o bem a não ser livremente, pois foi para a liberdade que Cristo nos libertou (cf. Gl 5,1). A dignidade da pessoa humana exige que ela possa agir de acordo com uma opção consciente e livre. A verdadeira liberdade é um sinal eminente da imagem de Deus na pessoa humana, uma vez que Deus quis deixar ao homem o poder de decidir (cf. GS, n. 17).

A dignidade da pessoa humana é seguir Jesus. Toda a vida de Jesus foi uma *epifania* e *revelação* pessoal de Deus. "Quem me viu, tem visto o Pai" (Jo 14,9). Deus, em Jesus, revela-se como realmente é. A missão de Jesus é revelar o Pai, que o enviou. "Esta é a vida eterna: que conheçam a ti, o Deus único e verdadeiro, e a Jesus Cristo, aquele que enviaste" (Jo 17,3). E a missão que Jesus recebeu do Pai se realizou com a força e sob a ação do Espírito Santo. Ele é o Ungido, o Consagrado pelo Espírito. Por sua *encarnação*, o Verbo de Deus se tornou irmão de toda a humanidade. "[...] uniu-se de certo modo a cada homem" (GS, n. 22). Ergueu sua tenda de peregrino no meio de nós (cf. Jo 1,14) para partilhar toda a história humana. Jesus aparece sempre próximo de toda pessoa humana na situação concreta de busca, pobreza, enfermidade, sofrimento, solidão, marginalização, pecado, nas circunstâncias de alegria e festa. Nada é indiferente a Jesus. Está inserido na história humana. "Não há realidade alguma verdadeiramente humana que não encontre eco no seu coração" (*GS*, n. 1). O amor de Jesus é amor esponsal. "[...] Cristo também amou a Igreja e se entregou por ela" (Ef 5,25s). A vida de Jesus é totalmente doação de si aos mais necessitados. Todo ser humano, em sua realidade de peregrino fatigado, encontra, em Jesus Cristo, o irmão. "Vinde a mim, todos vós que estais cansados e carregados de fardos, e eu vos darei descanso" (Mt 11,28). Sua vida é uma vida consagrada como *profeta* que anuncia, como *rei* que estabelece um novo reino e como *sacerdote* e *vítima* que se oferece a si mesmo em sacrifício para salvar seu povo.

Referências bibliográficas

BAUMAN, Z. *Globalização;* as consequências humanas. Rio de Janeiro: Jorge Zahar Editor, 1999.

_____. *O mal-estar da pós-modernidade.* Rio de Janeiro: Jorge Zahar Editor, 1998.

BOFF, Leonardo. *Ethos mundial;* um consenso mínimo entre os humanos. Brasília: Letraviva, 2000.

BRIGHENTI, Agenor. *A Igreja perplexa;* a novas perguntas, novas respostas. São Paulo: Paulinas, 2004.

CAPRA, Fritjof. *A teia da vida;* uma nova compreensão científica dos sistemas vivos. São Paulo: Cultrix, 1997.

CELAM. *Documento de Aparecida*. Texto conclusivo da V Conferência Geral do Episcopado Latino-Americano e do Caribe. Brasília: São Paulo: CNBB/Paulus/Paulinas, 2007.

COMPÊNDIO VATICANO II. Constituição pastoral *Gaudium et Spes* sobre a Igreja no mundo de hoje. 23. ed. Petrópolis: Vozes, 1994.

FORTE, Bruno. *Teologia da história;* ensaio sobre a revelação, o início e a consumação. São Paulo: Paulus, 1995.

JOÃO PAULO II. Carta encíclica *Evangelium Vitae*. São Paulo: Paulus, 1995.

_____. *Instrução sobre o respeito à vida humana nascente e a dignidade da procriação*. São Paulo: Paulinas, 1987. (Coleção A voz do papa, n. 115.)

JUNGES, José Roque. *Ecologia e criação*. São Paulo: Loyola, 1999.

RIFKIN, Jeremy. *O fim dos empregos*. O contínuo crescimento do desemprego em todo o mundo. São Paulo: M. Books, 2004.

Everaldo Cescon*

Por que a fé?

Até a Idade Média manteve-se a ideia da possibilidade de fundamentar filosoficamente a fé. Mas com o alvorecer da Idade Moderna e especialmente depois de Kant (1724-1804) as provas da existência de Deus passaram a não ter valor. Atualmente, está disseminada a convicção de que a razão do homem não pode dizer nada de certo e seguro sobre Deus. Retraiu-se e levantou a bandeira branca. Chegamos ao triunfo do pensamento débil. Assim, a fé parece depender de um acidente da evolução biológica, do acaso: há quem a tenha e há quem não a tenha, como os olhos azuis.

Partindo dessa constatação, a primeira clarificação que devemos fazer é a de que é um erro situar a questão da fé e do sentido religioso no mesmo nível da ciência. A questão do sentido religioso não está ligada, em si, à adesão a uma confissão religiosa, mas se situa, antes, no nível que a precede, pelo menos de um ponto de vista lógico, se não cronológico. É o nível ao qual a teologia tradicional chama de *preambula fidei*. Nesse sentido, João Paulo II (1985, n. 3) afirmou:

---

[*] Pós-doutorado em Filosofia na Universidade de Lisboa, Portugal. Doutorado em Teologia pela Pontifícia Universidade Gregoriana, Itália. Professor da Universidade de Caxias do Sul, Brasil. Bolsista da Fundação para a Ciência e Tecnologia, Portugal. E-mail: everaldocescon@hotmail.com.

Se, portanto, muitos não aceitam a verdade da fé, podemos e devemos introduzi-los, mediante um diálogo paciente e caridoso, à compreensão dos valores espirituais e religiosos partindo das evidências da razão, das quais todos nós, crentes e não crentes, enquanto pessoas, somos capazes!

Estas simples considerações repropõem a questão da apologética. A apologética tradicional dava por pressuposto o aspecto do sentido religioso. Hoje, entretanto, não se pode mais dar por certo este nível, natural, do sentido religioso. É preciso guiar o homem à descoberta da sua própria natureza e reabrir a sua mente e o seu coração para tomar em consideração a própria ideia de uma revelação como interessante para o próprio destino humano e a possibilidade de se aproximar da fé com toda a racionalidade do seu ser.

Portanto, a primeira questão a ser respondida pela apologética é "por que a fé?", "por que crer?".

O termo "crer" tem vários significados. Crer pode significar "estar convencidos de algo segundo a fórmula habitual 'não há dúvida'"; ou significar "ter uma opinião própria" na forma do "eu creio que...". Mas "eu creio" pode também significar "ter fé em alguém" no sentido de conceder confiança, de tomar por verdadeiro algo baseado nas palavras de um outro considerado crível, ou seja, digno de fé.

Todos, em momentos distintos da vida, se defrontam com o sentido do mistério. É uma experiência capaz de nos relativizar a nós mesmos, mais do que nos remeter à outra margem. Acabamos nos sentindo parte de uma realidade maior, uma realidade que não estamos em condições de explicar e na qual sabemos estar imersos. Vemo-nos circundados por um mundo que nos precede e que não podemos remeter a nós mesmos. Muitos nomes foram dados a esta experiência, mas nenhum a circunscreve. Fazer alusão a ela, como o fez R. Otto, com os adjetivos tremendo e fascinante é, entre tantas, talvez a expressão menos inadequada. Os dois adjetivos exprimem a ambivalência daquilo que nos atrai, porque intuímos que ali há algo que nos toca de perto, e nos afasta, porque aquela experiência relativiza o nosso ser-aí. Para fazer esta experiência não é necessário ter fé.

O que faz viver, no horizonte da fé, o sentido do mistério é a revelação invisível, por detrás dele ou antes dele (mais do que nele), da presença de um *outro*, de um *tu* originário. O mundo, então, deixa de ser a realidade primeira e última. A fé está em crer que a *origem* de todas as coisas possa entrar em relação conosco e nós com *ele*.

É um dado quase já verificado que o homem sempre foi um ser religioso. Desde quando surgiu na terra, sempre foi um ser religioso. A história dos povos nos ensina que, até o século XVIII, todas as civilizações, todas as culturas, todo o pensamento humano – exceto em casos raros e individuais –, era perpassado por uma profunda religiosidade. Mircea Eliade ([s.d.], p. 6), um dos maiores, se não o maior, historiador das religiões da nossa época, escrevia que "ser homem significa ser religioso" e, aos que lhe perguntavam por que os homens são religiosos, ele respondia: "Os homens são religiosos porque são inteligentes".

A antropologia cultural, a disciplina que estuda as características culturais dos vários grupos humanos, confirma o dado indicado. Em Aristóteles (384-322 a.C.), em *De caelo et mondo*, podemos ler: "Todos os homens têm a convicção de que os deuses existem" (I, 3, 270b, 5-6). Jean Servier, etnólogo de fama mundial, escreve: "A ideia de um Deus único, eterno, incriado, senhor da vida, origem e término da aventura humana, está presente em todas as civilizações humanas" (1994, p. 121 – tradução nossa).

É bom saber, como disse H. Bergson, (1995, p. 105), que no passado existiram – e ainda hoje existem – sociedades ou grupos humanos que não têm ciência, nem arte, nem filosofia. Contudo nunca existiu sociedade alguma sem uma religião própria, isto é, uma relação com o divino.

São afirmações confirmadas pelos dados da paleoantropologia e da antropologia cultural. Segundo Servier, entre os povos pré-históricos nunca houve um sepultamento apressado de um cadáver que estorvava ou de uma carcaça inútil. Recentemente, na Austrália, foram descobertos traços de homens que viveram há 170 mil anos. Os estudiosos estão convencidos de que os milhares de pequenas incisões na rocha encontradas a sudoeste de Darwin tinham um objetivo cultual, isto é, religioso. Mas foram encontrados também grãos de ocre vermelho, usados por todos os homens pré-históricos em pinturas rituais, sinal de crenças religiosas, que retratam os corpos dos defuntos.

Tanto o mundo da pré-história como também o da história estão cheios de sinais e de traços da religiosidade do homem. O mundo está cheio de obras que mostram a profunda religiosidade do ser humano: templos, monumentos, restos sepulcrais, catedrais etc.

O ateísmo, por outro lado, como fenômeno social, nasceu somente há pouco mais de duzentos anos, com a Revolução Francesa. A negação de Deus é um dado relativamente recente. O ateísmo é um fenômeno típico da Era Moderna e, ao que parece, já está em declínio no mundo Pós-Moderno, no qual está nascendo uma nova religiosidade.

Nesta época da ciência é possível mais do que em qualquer outra ter opiniões. Mas isto é bem diferente de possuir a verdade. Num tal mundo, as opiniões são todas susceptíveis de discussão, de debate. No entanto, é difícil assumi-las como verdadeiras, exceto se vierem a ser submetidas ao chamado "crivo da razão". E, no mundo moderno, "racional por excelência" é a ciência. Nesse tipo de racionalidade – pelo menos segundo Popper – uma teoria pode ser assumida como válida até não ser desmentida pela experiência (mais exatamente, pela experimentação). Deste ponto de vista, nenhuma teoria pode ser verdadeira em absoluto. De fato, é possível refutá-la, mas jamais verificá-la na sua totalidade.

Este modelo alarga – e muito – o âmbito das hipóteses; restringe – e muito – aquele da verdade. Mas as asserções "válidas" são insuficientes para ajudar a viver. Se o homem devesse viver daquelas verdades, não viveria. Então vale o contrário: o homem vive de fé. E, neste caso, fé não em sentido teológico, mas naquele geral, de "crença". Todo homem se encontra imerso num mundo de certezas que o precedem, que herda e não verifica porque pertence a elas: são a sua linguagem. A maior parte da nossa vida, apesar da ciência, acontece no âmbito da crença. A solidez do mundo, a sua segurança não se ganha por teste – no sentido científico do termo – mas se a tem por experiência: nós nos movemos nela. Agostinho compreendeu isso muito bem. No texto *Fé concernente às coisas que não se veem*, escreveu que a vida social, as relações de amizade, a confiança se fundam em coisas que não se veem. São atos de fé, da mesma forma que o são as crenças habituais.

Aquilo que Agostinho diz é retomado de outra forma por Wittgenstein – seu atento leitor – quando afirma que só podemos duvidar enquanto já nos movemos num âmbito de certezas: "Isto é: as 'questões' que pomos, a nossa dúvida, repousam nisto; que certas proposições são isentas da 'dúvida', como se fossem as bases sobre as quais se movem as primeiras" (Wittgenstein, 2000, § 341). Se fazemos um experimento, não duvidamos da existência do instrumento com o qual experimentamos. A dúvida absoluta é impossível. Ela é sempre precedida por alguma certeza. Este raciocínio modifica o modo acomodado de entender termos como "verdade", "evidência" e "fé" e põe sob outro foco a relação entre o visível e o invisível. Sem ainda ser, aqui, invocada alguma transcendência.

Se a "fé" for identificada com o âmbito da certeza, pode-se dizer que, nela, fomos desde sempre instituídos. Pode-se dizer que, entre os homens, poucos são os cientistas, mas, diferentemente, todos são mais ou menos crentes.

Em duas esplêndidas catequeses de 1983, o Papa João Paulo II indicava uma via para o homem se aproximar do problema religioso: "A via para chegar a tal tomada de consciência é, para o homem de hoje, como para aquele de todos os tempos, a reflexão sobre a própria experiência!" (João Paulo II, 1985, n. 1).

Parece-me que a sugestão desta via abre um interessante confronto com o caminho percorrido pela ciência moderna. Atualmente, a pesquisa dos fundamentos racionais que tornam possível a adesão à fé deve poder ser medida com o método científico e, contemporaneamente, a ciência parece quase requerer uma contextualização antropológica numa visão global da realidade que não se esgota numa representação matematizada do universo.

A esse respeito, parece haver dois aspectos a considerar.

a) O primeiro é evidenciado pela experiência, a palavra-chave que pode pôr em contato a linguagem da ciência com a linguagem religiosa. Realmente, fala-se de experiência seja na linguagem científica, seja naquela religiosa. Trata-se de precisar a noção, seja num caso, seja no outro, e de ver de que modo a experiência se torna fonte de conhecimento tanto no âmbito da ciência quanto no âmbito da experiência religiosa.

> Como definir esta experiência humana profunda que indica ao homem o caminho da autêntica compreensão de si? Ela é o confronto contínuo entre o eu e o seu destino! (João Paulo II, 1985, n. 2).

Prescindindo aqui da noção de experiência enquanto ligada a um hábito, a um exercício adquirido com a repetição de atos de conhecimento cujo dado se fixou na memória, gostaria de chamar a atenção para o ato experiencial em si. Parece que se pode falar de três graus de experiência.

- O primeiro poderia ser caracterizado como experiência sensível, "que significa simplesmente a percepção sensível imediata e ainda não crítica que temos a todo instante. Vemos o sol se levantar e descer; vemos passar um avião, vemos cores etc." (Ratzinger, 1986, p. 85 – tradução nossa). Este nível de experiência é basilar, precede e torna possível todo e qualquer ulterior nível de conhecimento (segundo o clássico princípio aristotélico-tomista: "*Nihil est in intellectu quod prius non fuerit in sensu*" ["nada existe no intelecto que antes não tenha estado nos sentidos"]. Este é o nível de conhecimento que, no homem, mesmo quando envolve diretamente a racionalidade, não compromete nem a ação do intelecto sobre os conceitos precedentemente abstraídos, nem a reflexão do intelecto sobre o seu ato de conhecimento.
- O segundo nível, próprio das ciências, é o da experiência como experimento. "Os sentidos não experimentarão nada se não formularmos uma interrogação, se não existir um pressuposto

intelectual que torna possível a experiência" (Ratzinger, 1986, p. 87). Este nível põe em ato um processo cognoscitivo mais complexo, pois exige, além da percepção sensorial ligada à observação, também a ação sobre conceitos precedentemente abstraídos da experiência, como as noções matemáticas.

- O terceiro nível compromete o intelecto na reflexão sobre os seus atos. O eu chega à experiência de si por meio do conhecimento refletido pelos atos que são próprios das suas faculdades espirituais, tais como o intelecto e a vontade. Podemos situar a "experiência existencial" (Ratzinger, 1986, p. 88) e a questão do sentido religioso neste grau da experiência.

b) O segundo aspecto do problema reside no método: assim como a ciência, entendida na acepção moderna do termo, procede segundo um método de análise e de controle da experiência, também a busca sobre o homem e, em especial, a busca sobre o seu destino deve poder proceder segundo um método rigoroso. Se à ciência se deve pedir uma dilatação da sua forma de entender a racionalidade, à busca religiosa é preciso pedir para não se deixar confinar no irracional, mas se impor um método em certo sentido científico, isto é, rigoroso e demonstrativo.

O método das ciências modernas de tipo físico-matemático, comumente chamado também de método experimental, não consiste tanto na observação, sob forma de mensuração, das quantidades e das relações que se apresentam na natureza quanto, principalmente, na comparação entre esses dados da experiência e uma representação matemática da realidade. O conhecimento empírico, para se tornar ciência, é posto em relação com uma teoria matemática, tomada como hipótese explicativa da experiência. Em outros termos, para construir uma ciência de tipo galileano são necessários dois elementos: a observação e a referência a um nível de conhecimento prévio que, neste caso, é fornecido pela matemática.

Deve-se dizer também que os dois elementos se entrelaçam continuamente no sentido de que, se, de um lado, a formulação matemática da teoria é posterior à observação, também é verdade, complementarmente, que a teoria está na base do experimento que é construído em relação a uma expectativa ou previsão da própria teoria.

No que se refere à experiência que o homem tem de si, âmbito no interior do qual a experiência do sentido religioso se situa, será necessário, como para a observação da natureza, um método de comparação da observação com uma teoria de referência, ou hipótese explicativa, isto é, com um conhecimento capaz de dar conta da experiência. Este conhecimento de referência poderá ser de natureza filosófica (especialmente a antropologia filosófica), ou, quando envolve os dados da revelação, uma antropologia teológica.

Do ponto de vista de uma correta metodologia científica, considerada válida, seja no caso das ciências naturais, seja naquele de uma ciência da experiência do homem, dever-se-á aceitar como científica aquela explicação da realidade que concorda com os dados da experiência e considera todos os fatores em jogo na experiência que se está analisando. A aplicação deste método de investigação da experiência do homem àquele âmbito de experiências mais diretamente ligadas às questões sobre o significado da existência e o destino do homem permite começar uma pesquisa rigorosa sobre o sentido religioso.

Fé em sentido teológico

A fé em sentido teológico, e mais especificamente a fé cristã, é de natureza diferente. Pode-se afirmar que muitos não são cristãos, mas crentes: e não só em outros credos, mas simplesmente em Deus. Pode ser o indeterminado, o misterioso, até mesmo o nosso questionar, a nossa própria incerteza. Nietzsche (1976), que era especialista neste tema, identificava uma nova espécie de crentes nos agnósticos do nosso tempo, naqueles adoradores do desconhecido e do misterioso, que adoram como deus o próprio ponto de interrogação. Elevaram a deus o "X".

Esta é uma reflexão importante, pois acreditar no Deus de Jesus Cristo não é a mesma coisa que adorar o "X". Mas o pensamento de Nietzsche diz mais do que a letra do texto: nos adoradores do "X" ele sublinha uma necessidade, a inextinguível "vontade de acreditar" para dar sentido completo à existência. Quanto mais profunda for a crise, tanto mais forte será a vontade de acreditar. Por isso, atualmente, as fés atraem e se difundem: trata-se, muitas vezes, de crentes sem *comunidade de fé*, de um sincretismo religioso sem lei, onde pequenas seitas ou cada um por si mesmo é guardião da própria ortodoxia.

A fé cristã olhada a partir de fora é, também ela, uma crença; considerada em si mesma, é "entrega". É uma entrega incondicionada. O cristão, mais do que crer em alguma coisa, deposita fé em alguém: abandona-se a Cristo. O Deus de Jesus, como para os judeus, é o "Deus do amém". "Amém" é a palavra decisiva do judeu e do cristão. Em hebraico, "amém" significa "demonstrar-se firme", "ter firmeza". O Deus do amém é tal: nele se tem fé porque nele nos sentimos seguros, a ele se diz "sim", portanto, "amém".

Tomás de Aquino (1946) identificava três momentos na estrutura do ato de fé: 1º) o "crer Deus" (Deus é o objeto da crença, existe); 2º) o crer a Deus (naquele que ele revela, no conteúdo da fé); 3º) o crer em Deus. Este terceiro momento se refere à vontade. Nesse caso, o homem se move com todas as suas forças na direção de Deus, compreende-o como fim. Esse movimento é o verdadeiro: inicial, decisivo, no Cristianismo fundante.

Hoje, podemos nos perguntar se esta entrega incondicionada ainda é possível. É difícil responder. Entretanto, não parece que a necessidade de confiar tenha desaparecido totalmente. A confiança não é uma atitude neutra da inteligência. É, pelo contrário, um deixar-se conquistar, é viver uma experiência. O Cristianismo poderia não ser verdadeiro do ponto de vista da razão crítico-científica, mas continuará sendo uma "oferta de sentido". Para ser avaliado, deve ser experimentado: não pode, *a priori*, ser excluído.

Todavia, não há uma ponte para a fé. Ela continua sendo, essencialmente, um salto. Como todo ato de confiança, é um risco. Por isso, sempre pode ser perdida. Deve ser conquistada a cada momento.

A fronteira entre sentido e sem sentido nunca está definitivamente traçada. O Cristianismo, quando surgiu, dissolveu certezas vacilantes. No entanto, deu novas seguranças: significado e destino à história e à vida. Hoje, as certezas cristãs podem estar se dirigindo, segundo alguns, ao ocaso, mas não a necessidade de ter fé.

Certamente, não é inerente à fé querer convencer os outros, o não crente, os ateus, das próprias convicções, das próprias certezas. Até mesmo o antigo problema missionário mudou. De acordo com o Padre Renato Rosso, missionário italiano encardinado na Diocese de Caxias do Sul, ser missionário em regiões difíceis, hoje, significa dar uma prova de convivência e não se apresentar como pregador, fazendo discursos e rituais. Significa viver junto dos irmãos os seus sofrimentos.

Lembro, por exemplo, de Dietrich Bonhoeffer, o luterano que morreu num campo de concentração por causa da sua fé, mas que nunca pensou em ter de impor, ter de conduzir os seus irmãos àquela fé. Bonhoeffer representa, atualmente, o Cristianismo maduro que não tem o sentido imperialista de uma fé melhor do que as outras. O Cristianismo chegou a uma profunda purificação do conceito de fé.

A fé não é um repertório de proposições tal como foi apresentada por algum catequista; a fé não é um repertório de proposições certas das quais o crente não pode distanciar-se. Gabriel Marcel (1944) afirmava que a fé não é sequer possível em quem não a submete à dúvida metafísica, isto é, em quem não está sujeito à dúvida mais radical. Não há nenhuma situação na qual o crente possa se dizer livre da incerteza, da problematicidade. De fato, para os filósofos acostumados à história da filosofia, é claro que, por exemplo, num mundo livre da incerteza, onde não é possível a incerteza, como no mundo de Spinoza, ou também no mundo de Hegel, a fé não é possível. A certeza racional não permite a fé.

Nesse sentido, o primeiro promotor da renovação da Igreja Católica não foi o Concílio de Trento, mas Lutero, ao libertar o patrimônio de verdades, que transmite numa tradição, de todo o aparato alegórico, mítico, que foi a verdadeira motivação à mais grave negação de Deus. Pensem, por exemplo, na leitura dos primeiros dois capítulos do Gênesis, os famosos capítulos da criação: fala-se de um mundo que não é o mundo no qual vivemos. Pensem se o mundo no qual vivemos pode se assemelhar de alguma forma ao Jardim do Éden, onde não há luta pela vida, onde não há conflito entre os viventes, onde não há senão a felicidade, o bem-estar e assim por diante. A criação daquele mundo não é a criação do mundo no qual vivemos. Ali está inserido o mito do pecado original. O homem é que realizou a culpa, o mal. O mal nasceu para aquele grande bem que Deus deu ao homem na sua criação, o máximo bem, a liberdade. Deu-se a liberdade, Deus devia consentir que houvesse a possibilidade de o homem querer o próprio mal, de o homem ser responsável pelo próprio mal. Logo, a ideia da punição, do inferno, em suma, todo o aparato mítico que chegou ao Cristianismo, veio daquela falsa proposição oferecida pelos primeiros capítulos do Gênesis.

Quando se entendeu que a ciência oferece uma maneira de ver o mundo não nos termos da antiga metafísica de Platão e Aristóteles, mas de forma verificável, ou melhor, falsificável – como diria Popper –, se entendeu que a ciência ofereceu ao homem e, portanto, à Igreja, a possibilidade de libertar o patrimônio da *mensagem* do alegórico ao mítico.

Nesta nossa idade da ciência, libertando-se do enorme peso do alegórico, a Igreja poderá oferecer uma fé que sabe distinguir, nas proposições de fé, o factual, isto é, aquilo que é de competência absoluta da ciência – porque sobre o factual a ciência é que deve decidir –, do simbólico, isto é, daquele patrimônio que transcende o fato, que é um patrimônio realmente válido como sagrado, de fé, que faz o mundo ter um sentido divino.

Contagiados pelo Racionalismo, muitos continuam definindo a fé como a atitude de considerar como verdadeiras proposições que não conseguimos demonstrar cientificamente. Nessa perspectiva, crer parece uma atitude de menoridade, uma atitude infantil de quem obedece cegamente à autoridade por falta da coragem de servir-se de sua própria razão. Ora, essa é uma atitude possível do crente, mas não necessária.

A fé não é ciência deficiente. Não é um sacrifício do intelecto. É um ato humanamente responsável que tem sua dimensão racional, como no-lo ensina Pedro: "[...] estai sempre prontos a dar a razão da vossa esperança [fé] a todo aquele que a pedir" (1Pd 3,15).

A questão da fé coloca-se, sobretudo, onde se trata do projeto global da existência humana, quando se busca o sentido ou o absurdo da vida e do mundo. É uma questão que o homem pode contornar intelectualmente, mas na prática não consegue viver sem fé, pois a própria descrença é uma decisão de fé e não conclusão do conhecimento científico.

Quando falamos em fé, situamo-nos na profundidade de nosso ser e do sentido de nossa existência. A fé é um ato pessoal, um ato da pessoa como um todo. O sujeito crente é racional, mas não se reduz à razão e à vontade. A fé é um ato originário, a dimensão da esperança e do sentido, que se abre na própria ciência como condição de possibilidade e de sentido último. Na fé, o homem transcende o próprio homem por um infinito, abre-se para o mistério infinito, que a rigor não conhece, mas pode reconhecer e aceitar. Em síntese, a fé, na visão cristã, é um projeto global de vida e uma atitude que envolve a vida em todas as dimensões. Crer é fundar a própria existência no Absoluto. Mais que aceitar proposições como verdadeiras, é dizer sim ao Absoluto como sentido último.

Referências bibliográficas

BERGSON, H. *Les deux sources de la morale et de la religion*. Paris: PUF, 1995.

ELIADE, Mircea. *História das ideias e crenças religiosas*. Lisboa: Rés-Editora, [s.d.]. v. 1: Da Idade da Pedra aos mistérios de Elêusis.

JOÃO PAULO II. *Audiência geral do dia 12 de outubro de 1985*.

MARCEL, G. *Homo viator;* prolégoménes à une métaphysique de l'espérance. Paris: Aubier, 1944.

NIETZSCHE, F. *A genealogia da moral*. Trad. Carlos José de Meneses. 3. ed. Lisboa: Guimarães, 1976.

RATZINGER, J. *Elementi di teologia fondamentale;* saggi sulla fede e sul ministero. Brescia: Morcelliana, 1986.

SERVIER, J. *L'homme et l'invisible*. Paris: Éditions du Rocher, 1994.

TOMÁS DE AQUINO. *Summa contra gentiles*. Torino/Roma: Marietti, 1946.

WITTGENSTEIN, L. *Da certeza*. Lisboa: Edições 70, 2000.

Impresso na gráfica da
Pia Sociedade Filhas de São Paulo
Via Raposo Tavares, km 19,145
05577-300 - São Paulo, SP - Brasil - 2012